Vida y cartas del almirante Bartolomé J. Sulivan

Ingleses en el Paraná – 1845

Traducción y notas
José Luis Alonso y Juan Manuel Peña

Almirante Sulivan

    Los ingleses en el Paraná: 1845 / Almirante Sulivan - 1ª. ed. - Ciudad Autónoma de Buenos Aires: José Luis Alonso, 2017.
    Libro digital.

    Archivo Digital: descarga y online
    Traducción de: José Luis Alonso; Juan Manuel Peña.
    ISBN 978-987-42-6131-1

    1. Historia Argentina. 2. Memorias. I. Alonso, José Luis, trad. II. Peña, Juan Manuel, trad. III. Título.
    CDD 823

Índice

Almirante B. J. Sulivan

Introducción

En el año 1896 la editorial John Murray de Abemarle Street de Londres, publicó las memorias de un oficial naval inglés participante en la batalla de Obligado, librada en la primera mitad del siglo XIX, en la América del sur, en el cauce del caudaloso río Paraná, entre las fuerzas navales inglesas y francesas coaligadas contra la Confederación Argentina, y en la prolongada campaña que comenzó a continuación del combate.

El libro, "Vida y Cartas del almirante Bartolomé J. Sulivan K.C.B.", comenzado como una autobiografía, abandonada por el protagonista por motivos de salud, fue continuada por su hijo, Enrique Norton Sulivan, basándose en registros oficiales, recuerdos de los actores y enriquecida por las invalorables cartas de su progenitor a su padre, también marino.

La obra consta de más de 450 páginas, dividida en 17 capítulos, tres referidos a su actuación en los sucesos de Obligado, con varios apéndices. Resultando de especial interés el pormenorizado relato de la campaña librada en el Río de la Plata y el Paraná en 1845 y 1846.

Como Bartolomé J. Sullivan recuerda en su autobiografía "Yo nací en Trigew, parroquia de Mylor, en las orillas de Falmouth Harbour, el 18 de noviembre de 1810". Hijo y sobrino de marinos, todos al servicio de la corona inglesa, su destino estaba prefijado. Finalizados sus estudios básicos en colegios de las cercanías, ingreso a temprana edad en el Real Colegio Naval de Portsmouth, de donde pasó a servir, venciendo algunas dificultades, en su primer destino en el navío H.M.S. "Thetis". Dando así comienzo a su extensa carrera en los barcos de la armada inglesa.

A lo largo de su servicio en ella desarrolló una marcada habilidad para relevar, evaluar y delinear la superficie de terrenos, costas y las profundidades de las vías de agua.

En el "Thetis" viajó en 1827 a Río de Janeiro, llevando al embajador inglés, Lord Posomby, ante el gobierno de Buenos Aires. En septiembre de ese mismo año arribó al puerto de Montevideo por primera vez, ciudad que encontró ocupada por el ejército imperial del Brasil, en guerra con nuestro país. En el transcurso de un viaje desde la Banda Oriental, el "Thetis" se vio interceptado y obligado a detenerse por una escuadra desconocida. El navío ingles envió un bote al bergantín que encabezaba la flotilla, donde pudo comprobar que se trataba de fuerzas argentinas, comandadas por el almirante Guillermo Brown, que habían confundido al "Thetis" con una nave brasilera. Durante su permanencia en Montevideo Sulivan fue testigo de varias acciones de guerra realizadas por el almirante, sin sospechar que sus caminos se encontrarían nuevamente.

Participó en el segundo viaje del "Beagle", en compañía del prestigioso Charles Darwin y en 1838 su habilidad como topógrafo hizo que fuese convocado por el capitán Beaufort a servir en su barco, realizando un viaje de reconocimiento a las islas Malvinas. Desafortunadamente, por problemas de espacio, el hijo de Sulivan no reprodujo las cartas de su padre relatando este viaje.

En el año de 1841, fue ascendido a capitán y destinado a prestar servicios en el Apostadero Naval Inglés en Montevideo. Un año más tarde realizó, por órdenes superiores, estudios topográficos y fluviales en el Río de la Plata, y en las Malvinas, esta vez a bordo del bergantín "Philomel", llevando consigo a su esposa e hijos. Durante su permanencia en las islas, nació su hijo James Young Falkland Sulivan, hermano del autor y primer inglés nacido en esas tierras.

De especial interés para los interesados en el pasado de nuestro país es el pormenorizado relato efectuado en sus misivas sobre la campaña del Paraná. Sus cartas y comentarios ofrecen al lector una mirada diferente de los sucesos que tuvieron lugar en el Plata y el Paraná en 1845 y 1846. Obligado, sus defensas y defensores, el largo combate, el Paraná con sus bancos de arena y sus dificultades para navegarlo, Corrientes y sus diferencias políticas son minuciosamente relatadas y los combates a lo largo del río, son observados por el capitán Sulivan desde la cubierta de su bergantín el "Philomel" y sus cartas aportan un relato de estos hechos históricos que no dudamos interesara al lector.

Hemos intentado mantener el espíritu de la redacción, especialmente las cartas intercambiadas entre los dos marinos, respetando los pareceres, opiniones y juicios de valor sobre distintos personas y episodios. Solo nos hemos permitido, en los tres capítulos que ponemos a disposición de los lectores: "La Campaña del Paraná", "La batalla de Obligado" y "El ascenso del Paraná", aclarar aquellos puntos controversiales, o que el propio autor desconocía sumido en la lucha y faltándole, por motivos obvios, una visión general de los acontecimientos, y que a nuestro criterio permiten una mejor interpretación de los acontecimientos. Cuando lo hemos creído conveniente agregamos notas de los traductores y en otras oportunidades las realizadas por el autor (NA) Hemos traducido y respetando, en lo posible la extensión de sus frases y párrafos, muchos más prolongados que los habituales en nuestros días. Por otra parte deberá el lector recordar que se trata de cartas personales, entre un hijo y su padre, ambos servidores en la marina inglesa, por lo que se dan por sentado conocimientos propios del servicio en ella. No es una crónica militar ni un frío parte de guerra, el autor de las cartas da cuenta en ellas de sucesos en los que intervino personalmente, su visión personal de los acontecimientos en los que participo mencionando tangencialmente algunos otros. Sus líneas, dirigidas a su progenitor y camarada de armas, desnudan en numerosas oportunidades sus más íntimos sentimientos ante los sufrimientos ocasionados, confiriendo a sus escritos el valor de revelar la real cara de la guerra.

La Campaña del Paraná

Causa de la guerra - General Rosas - Sitio de Montevideo - Garibaldi - Almirante Brown - La intervención británica y francesa - H.M.S. "Philomel" - El orgullo del Apostadero - Habilidad marinera - Ansiedad - Acosado - El "Gorgon" varado - Uruguay arriba con Garibaldi - Salvando vidas - Escasez de provisiones de guerra - Abriendo el Paraná

Tal vez sea bueno dar una idea del origen de los disturbios que condujeron al prolongado sitio de la ciudad de Montevideo, a la intervención británica y que originaron la campaña del Paraná de 1841 a 1846.

Desde la declaración de la independencia, cada estado, en esta parte de Sudamérica ha vivido en una casi constante condición de anarquía. Finalmente apareció un hombre de una gran fuerza de carácter, Juan Manuel de Rosas, que devino en presidente de la República Argentina. Primero alejó los aborígenes. Respaldado por un ejército de gauchos, obteniendo un poder ilimitado, y no fue escrupuloso para conservarlo[1].

Luego de consolidar su poder en Buenos Aires, dirigió su atención a subyugar la Banda Oriental, cuya capital era Montevideo. En 1842 había dos jefes rivales que encabezaban dos facciones hostiles en esa ciudad, Oribe y Rivera. El primero de ellos, derrotado y exilado, acudió a Rosas quien lo suplió de armas y dinero. Oribe entonces regresó y puso sitio a Montevideo. Sus operaciones fueron conducidas con gran crueldad, intentando provocar la rendición por hambre, cercando por tierra la ciudad. La escuadra de Buenos Aires bajó el mando de un inglés llamado Brown[2] cortó los suministros de la población que solo llegaban por el río. El señor Mandeville, el ministro inglés, y el comodoro Purvis, estimularon la resistencia de los habitantes, con la esperanza de una pronta ayuda británica. Esto fue un grave error. Cuando Fructoso Rivera había sido derrotado en las afueras de la ciudad, si a Oribe se le hubiese permitido el ingreso en la urbe, la cruel guerra, que se extendió por años, pudo haberse evitado. Al serle prohibida su entrada, Oribe decidió que ni las vidas ni las propiedades serían respetadas llegado el momento de su captura. Esto desarrolló un fuerte sentimiento en su contra, entre los habitantes extranjeros que la habitaban.

Tres mil vecinos (en su mayoría vascos y piamonteses) se armaron. Una fuerza, difícil de describir, fue reclutada por un inglés llamado Cockney Sam, que para imitar los uniformes ingleses, los vistió con camisas rojas.[3]

Garibaldi, que había sido hecho prisionero, y maltratado por Urquiza, uno de los lugartenientes de Rosas, reclutó y armó una fuerza de 500 marinos italianos, la mayoría provenientes de embarcaciones dedicadas al comercio costero. Él hizo suya la idea de "Cockney Sam" del uso de las camisas rojas para sus hombres, que en años posteriores serían aún más célebres en Italia.

Rosas estaba decidido a ocupar ambas márgenes del Río de la Plata. Inglaterra y Francia, habiendo formalmente garantizado la independencia de la Banda Oriental, luego de no pocas vacilaciones por parte de nuestras autoridades, emplazaron a Rosas a retirar sus tropas. Ante su negativa la escuadra de Brown fue capturada y se proclamó el bloqueo de las fuerzas de Oribe. Estando el almirante Inglefield al mando del escuadrón inglés y el almirante Lainé del francés. Mientras ocurrían estos hechos, el general Urquiza, afín a Rosas, gobernaba en Entre Ríos. Ocupaba el gobierno de la convulsionada provincia de Corrientes el gobernador Madariaga, quién organizo una liga contra Rosas, junto con la independiente provincia del Paraguay. Estos dos gobiernos, reunieron un ejército que fue puesto al mando del general José M. Paz, rival de Rosas. En 1845 los barcos británicos y franceses recibieron órdenes de reabrir la vía fluvial del río Paraná, cerrada por orden de Rosas, que había concentrado su oposición en Obligado. Luego de forzar las defensas en ese punto, las escuadras aliadas avanzaron, 1.290 kilómetros, río arriba hacia Corrientes, protegiendo un gran convoy de barcos mercantes, que navegaban con el objetivo de vender manufacturas y adquirir productos locales, que se habían acumulado por algún tiempo en Corrientes al estar impedida la libre navegación.[4]

En este punto dio comienzo la participación de mi padre en los sucesos del río Paraná. Pero como el "Philomel", que él comandaba había estado realizando relevamientos hidrográficos en las islas Malvinas, continuando con igual tarea durante el invierno en el cauce del Río de la Plata, un relato cronológico sería confuso, por lo tanto, no me referiré más a las tareas realizadas en las islas.

El H.M.S. "Philomel" fue uno de los más hermosos bergantines Simondite y mantenía en alto la reputación de su constructor. Salió hacia Plymouth el 25 de de julio de 1842, habiendo Sulivan cargado 30 toneladas de lastre, en lugar de las habituales 15. Él creía que la insuficiencia cantidad de lastre había causado la pérdida de este tipo de nave, escribiendo, algunos días después de su partida. "Los oficiales y tripulantes son todos de los mejor que yo podía esperar. Estoy encantado con el barco, nunca había estado en un navío tan seco."

Desde Río de Janeiro, el 15 de septiembre mi padre relató el comportamiento de los tripulantes.

Mis hombres están siempre en la costa, sin necesidad de estar acompañados por oficiales. No ha habido casos de borracheras ni de deserciones. He tenido que sancionar a un joven oficial, uno de nuestros mejores hombres a bordo, por desacato a un lugarteniente. Espero evitar el uso del "gato", haciéndoles saber que lo recibirán si no hacen caso de las reglas.[5]

Los oficiales a bordo del "Philomel" eran los tenientes Harston y George H. Richards, el contramaestre John F. Reeves, el cirujano W. Chartres, su ayudante M.C. Frendi, el contador G.W. Pickthorne y los guardiamarinas W.S. Sulivan y Stevely.

El barco arribó a Montevideo, de regreso de su misión, encontrando que las autoridades temían una invasión por parte del ejército de Rosas. Como Sulivan había previamente hecho arreglos para que su esposa e hijos se reunieran con él en la capital de la Banda Oriental, le escribió advirtiéndole "Si tu vienes, está arreglado que te alojaras en la cubierta de los cañones, pero si hubiese combate ¡deberás meterte en un tanque de 2 toneladas!"

El "Philomel" partió para las islas Malvinas, el 14 de octubre, regresando al Río de la Plata en abril de 1843. En Montevideo el señor Fegen se unió a la tripulación como topógrafo asistente. La ciudad de Montevideo se hallaba sitiada por tierra y sus vecinos vaticinaban que la escuadra de Rosas también la bloquearía por agua.[6] Los infantes de marina ingleses desembarcaron de sus naves y fueron enviados a proteger las propiedades británicas.

Para la época, el "Philomel", en cuanto a disciplina y habilidad marinera, podía competir con los mejores barcos del servicio. En una ocasión, luego de llevar a cabo una complicada maniobra, en respuesta a una inesperada señal del almirante inglés, el "Philomel" pasó bajo la popa del barco insignia. El capitán G. B. Martin, un conocido y buen oficial se hallaba de pie en ella, junto con otros oficiales, reconociendo la habilidad desplegada por los oficiales del barco, saludo la maniobra y dijo, a algunos oficiales que se hallaban junto a él, "Sulivan, bien podemos llamarlo el orgullo del Apostadero Naval."

La tripulación del "Philomel" era considerada más hábil que cualquier otra de la flota y era la admiración de los oficiales franceses e ingleses, quienes a menudo observaban las buenas maniobras que ejecutaban. Varias historias ilustran esto. En una oportunidad, Sulivan debía llevar su barco hacia barlovento, entre dos líneas de navíos, hábilmente evito embestir a una nave francesa, que encabezaba una de las filas, realizando una arriesgada maniobra que le permitió alejarse, cuando todo hacía pensar que la colisión era inevitable. Uno de los marinos franceses, más tarde, durante una reunión en el club de oficiales, relató excitadamente la maniobra y manifestó que el diablo debía hallarse a bordo del "Philomel", o no podría haber hecho lo que hizo. Más tarde Sulivan recibiría elogios por parte de los Lores del Almirantazgo por no haber tenido que reportar castigos entre sus tripulantes, a lo largo de dos años.[7] El dio cuenta de cuál era el método que empleaba en su trato con sus hombres.

Yo pienso que muchas veces, ofensas que merecen castigos son pasadas por alto. Yo he tenido una sola queja efectuada ante mí que merecía castigo, el único caso de borrachera que ha tenido lugar a bordo. No me gusta apartarme de mi palabra, porque yo creo que ciertamente los hombres sienten, y saben, que no serán olvidados los informes de abuso de alcohol o de falta de respeto a un oficial. Este ha sido el medio de prevenir castigos a bordo. Mientras otros barcos se quejan de no poder mantener a sus tripulaciones de sus botes sobrias al ir a tierra, a pesar de enviar oficiales con ellos, nosotros, confiamos enteramente en ellos. Nunca van con oficiales. Hasta ahora no hemos tenido casos de ebriedad y nuestros hombres van diariamente a tierra. Y hasta ahora no hemos tenido un solo hombre que regresara tarde o achispado.

Cuando el "Philomel" retornó a Montevideo, Oribe había acampado a 3 km. de la ciudad, aislándola totalmente. Pero los defensores habían reforzado tanto sus defensas que las posibilidades de los sitiadores de lograr vencerlas y penetrar en Montevideo eran escasas.

El gobierno de Buenos Aires declaró el bloqueo marítimo, y el almirante Brown, con una corbeta, dos bergantines y siete naves menores se situó en la afueras del puerto de Montevideo.[8] Dado el gran número de ciudadanos ingleses en la ciudad, el comodoro Purvis[9], aseguró que no permitiría el bloqueo naval, dado que este tendría por resultado que los extranjeros no combatientes, padeciesen los rigores del hambre. Asegurando que tampoco permitiría el bombardeo de la ciudad por parte de la artillería naval.

Un día Brown penetró en el puerto interior y tomó posesión de una isla[10] en la que se hallaba un importante depósito de pólvora, propiedad de comerciantes ingleses. Al "Philomel" y al "Fántone" les fue ordenado detener los navíos de la Confederación. El segundo de los barcos enviados, no pudo acercarse a las naves de Brown, por lo que el "Philomel", se halló, solo, expuesto a los 14 cañones del bergantín de Brown[11] y a los cuatro barcos que lo acompañaban, estando armados con 2 o 3 cañones giratorios cada uno de ellos. Se intimó la devolución de lo incautado, lo que fue realizado, alejándose la escuadra argentina.

Oribe, uno o dos días más tarde, escribió una carta amenazando con tratar a todos los extranjeros en Montevideo como "rebeldes y salvajes". El comodoro demando una explicación y una garantía para las vidas y bienes de los ciudadanos británicos. Antes de obtener una respuesta al requerimiento efectuado, Brown penetró nuevamente en el puerto interior. El "Fántone" se había alejado y en las cercanías se hallaba solo el "Philomel". Los barcos ingleses, estaban preparados para entrar acción, pero se hallaban tres veces más lejos que el barco de Suilvan, por lo tanto si las hostilidades hubiesen comenzado, el pobre "Philomel" hubiese tenido que soportar todo el peso del ataque y probablemente hubiese resultado hundido. Se ordenó a Sulivan, a medida que entraban los barcos al puerto interior, acercarse a la nave capitana adversaria y ordenarle su retiro, autorizándosele hasta llegar a abrir fuego si ella se rehusaba a cumplir lo demandado. Brown había respondido a un mensaje, requiriéndole comunicar a donde se dirigía, enviado por el comodoro, diciendo "Voy en procura de carne fresca, si el comodoro quiere que salga, tendrá que sacarme por la fuerza". La respuesta enfureció Purvis y luego de ordenar a sus tripulantes "prepararse para acción", dijo que acudiría personalmente a entrevistarse con Brown, para lo cual abordó un bote del "Philomel" en compañía de Sulivan, quien relató lo conversado.

Brown se hallaba de pié, bajo un tragaluz, en un espacio pequeño en la popa de su barco, dejando poco lugar para el paso de una persona. Como el comodoro estaba muy excitado, me introduje, casi deslizándome, colocándome entre ambos.

Brown: ¿Como está usted capitán Sulivan? No parece usted un macho cabrío desde la última vez que lo vi. (Yo me había afeitado la barba desde entonces).

Comodoro: (colocando su reloj de oro con cadena bajo el tragaluz). Señor Brown, si usted no está fuera de aquí en 10 minutos, lo hundiré.

Brown: Señor Brown comodoro? Tengo que hacerle saber que yo soy Brigadier General y tengo un mayor rango que usted.

Sulivan: No, no Almirante, comodoro y Brigadier General tienen el mismo rango.

Brown: ahora, comodoro, en la costa lo están apremiando. No deje que lo metan en un aprieto, no les importara mientras sus fines estén seguros.

Comodoro: Yo nunca me meto en aprietos.

Brown: Entonces con más razón, comodoro, no debe entrar en ellos. Ahora, no es difícil que Garibaldi pueda venir aquí con sus barcos y bombardear a mis amigos de la costa. ¿No debería yo prevenir esto?

Comodoro: Creo que es difícil que ello suceda.

Brown: Comodoro, solo para satisfacerlo, yo permaneceré hasta obtener algo de carne y partiré con el ocaso. Pero yo espero que usted pueda evitar que aparezcan cañoneras por aquí.

Comodoro: (guardando su reloj) Bien, yo no quiero que se vaya por la noche, espero que se halla retirado mañana a las 9 horas.

Brown: No, no comodoro, mantendré mi palabra y me retiraré al anochecer.

Todo este tiempo yo intercalaba una que otra palabra, procurando un arreglo amistoso de la disputa, pero si yo no hubiese estado presente, entre ambos, temo que el comodoro y el almirante habrían llegado a las manos. Así finalizó la batalla por la isla de las Ratas. Brown había dicho que el no aceptaría retirarse por la fuerza, y como él no podía abrir fuego sobre la bandera británica se retiraría con los ingleses a bordo de su bergantín y dejaría a los otros defender su bandera mientras pudiesen.

Brown admitió que Oribe estaba equivocado y que su comunicado sobre el destino de los extranjeros había sido el producto del enojo y la pasión. Más tarde el mismo Oribe escribió que solo se había referido a que aquellos extranjeros que tomasen las armas contra él y sus hombres. Sulivan y algunos otros capitanes pensaron que la explicación resultaba satisfactoria, no así el comodoro Purvis, quien con 2 o 3 oficiales más exigían una retractación más explícita.

Como se ha mencionado el capitán Sulivan esperaba la llegada de su familia, esposa y tres niños a Montevideo. Ellos debían partir de Falmouth en marzo, pero semanas más tarde de la esperada fecha de llegada no había noticias de ellos. La ansiedad de Sullivan se incrementó cuando hubo noticias de haber ocurrido una gran tormenta. Un barco que había zarpado de Falmouth un mes más tarde, arribó a Montevideo, sin traer noticia alguna del desaparecido navío. Sulivan, con su anteojo en la mano subía todos los días a la torre de la catedral, para ver si aparecía el esperado barco. Los oficiales, sacudiendo sus cabezas solían decir "Hay va el pobre Sulivan otra vez, pero no hay remedio, el barco debe haberse perdido". Finalmente, 6 semanas más tarde de su esperada fecha de llegada, Sulivan vio desde la torre la entrada al puerto del ansiado navío. Este había sufrido daños por un fuerte vendaval, por lo que había tenido que ir hasta Madeira para reparar los daños sufridos, retrasándose.

Durante la estancia de la familia en Montevideo, se produjeron alarmas ante la eminente entrada de los sitiadores en la ciudad, lo que dio lugar a que en cada una de esas oportunidades las mujeres inglesas con sus hijos acudieran a los barcos en busca de refugio. En una de esas ocasiones, mi padre dijo que primero iría hasta los muros de la defensas, para ver si había necesidad de huir, mientras mi madre volvía a acostar a los niños. El regresó más tarde refiriendo que no creía que los enemigos pudiesen penetrar en la ciudad, quedando sorprendido por la sangre fría de mi madre, que había acostado tranquilamente a los niños, pero ella le mostró que los había metido en las camas vestidos. Ellos fueron la única familia inglesa que no huyó. Solían observar el cañoneo desde la terraza de la casa, hasta que un día, en un techo cercano, una anciana fue cortada en dos por un proyectil redondo, de hierro. Desde ese entonces ese entretenimiento fue tabú para la familia. En otra ocasión mi madre cabalgaba junto a mi padre y un oficial francés por las afueras de la ciudad, cuando dio comienzo un intercambio de disparos entre sitiadores y sitiados. Ella los convenció de aproximarse y así lo hicieron, hasta que un jinete enemigo disparó sobre ellos, pasando el proyectil entre los dos hombres. El grupo se dio a la fuga, siendo perseguidos por el tirador, que continuo cargando y disparando su arma, sin lograr darles alcance. Desde ese entonces las cabalgatas de mi madre quedaron limitadas a ser realizadas por la playa, dentro de los muros de la ciudad. Un día mientras cabalgaba en compañía de mi padre, un pesado proyectil cayó en la arena, enfrente de su caballo, que se vio obligado a saltar sobre el surco abierto por la bala. ¡Sus paseos a caballo llegaron a su fin!

El sitio continuaba. La comida escaseaba y más aún el dinero.

Martin me dice que están pasando mucha hambre. Los gatos se venden 3 y 6 peniques cada uno y el gordo perro de Parry fue convertido en chuletas. Muchas, aún las mejores familias se alimentan solo de las raciones diarias de harina y porotos que dan las autoridades. Es una espantosa guerra y las diarias escenas son suficientes para odiar el término guerra para siempre. Ninguno de los dos bandos puede llevar a cabo algo decisivo, por lo que el tiempo se ocupa en matar individuos aisladamente. Los 300 gauchos, desmontados, que difícilmente hayan caminado más de 1.500 metros en sus vidas, son el mejor cuerpo que los montevideanos tienen, y en cada ocasión se han comportado bien. También lo han hecho así los italianos, que nunca han retrocedido.

Nunca se hacían prisioneros, la lanza y el cuchillo les daban fin.

Carta de Sulivan desde Paris en 1864

En el tren... un desconocido, resultó ser oriundo de Montevideo. Él estuvo bajo armas, con quince años, durante el sitio. Hablando de tiempos pasados, le mencione el aterrador asesinato de los prisioneros, luego de una batalla de Urquiza, cuya verosimilitud yo había sido enviado a corroborar. Yo encontré al coronel Flores al mando[12]. Todos los prisioneros habían sido lanceados. El pobre hombre se conmovió mucho, sus ojos se llenaron de lágrimas y me dijo "El coronel Flores era mi padre". ¿No fue esa una singular coincidencia? Como era la guerra podía ser adivinado viendo los juegos de los niños. Un grupo se dividía en dos y jugaban a perseguidores y perseguidos. Algunos de estos últimos, simulaban caer heridos, mientras los primeros, al correr junto a ellos, hacían el gesto de pasar el dedo índice por el cuello de los caídos.

En una ocasión, los caballos en Montevideo habían sido en su mayoría muertos por el enemigo o por los carniceros, por lo que se solicitó a los comerciantes de la plaza que prestaran sus animales, para poder realizar una parada militar que se llevaría a cabo en la playa. Se montaron 120 hombres, que luego de un breve desfile, realizaron, desde ese mismo lugar, una sorpresiva salida sobre las posiciones enemigas, ocupadas por una fuerza de 4.000 sitiadores. La salida fue exitosa, logrando penetrar hasta la retaguardia, dando muerte a 60 adversarios, y capturando 8, junto con 2 estandartes, logrando regresar con 30 caballos y algunas cabezas de ganado.

A mediados de septiembre[13], el "Gorgón" encalló en la orilla. Gracias a la presencia y esfuerzos del capitán Hotham, finalmente pudo ser rescatado. Marineros de otras embarcaciones, surtos en el Apostadero, fueron enviados en ayuda de los tripulantes del barco siniestrado, que cavaban un canal en la arena. Un gran cumplido recibió el "Philomel" en una carta enviada por el capitán Hotham al almirante. En ella se solicitaba que la dotación de hombres proveniente de uno de los barcos fuera retirada del trabajo, por los problemas que causaban, y expresaba el deseo que aquellos provenientes del "Philomel", que habían sabido dar ejemplo de orden y disciplina, se viesen ayudados por otros miembros de ese barco. Así se hizo, y una vez puesto a flote el "Gorgon", Hotham solicitó y obtuvo el ascenso de uno de los oficiales no comisionados.

No muchos estudios topográficos e hidrográficos pudieron ser llevados a cabo en el Río de la Plata dada la situación imperante en la región. Sulivan realizó los que pudo, a pesar de las circunstancias adversas que encontraban sus hombres cuando desembarcaban, para hacer mediciones, en las costas de Colonia. Debiendo, en más de una ocasión hacer gala de una gran firmeza de propósitos al tratar con grupos de soldados que amenazaban a sus hombres y también a algunos pobladores.

El teniente Harston dejó el "Philomel" y Doyle lo reemplazó como primer teniente.[14]

El 26 de octubre de 1844 el "Philomel" zarpó nuevamente con destino a las islas Malvinas, llevando a bordo la familia de su comandante. Regresó a Montevideo el 19 de abril del año siguiente. Sulivan viendo como muy posible una intervención por parte de Inglaterra en el conflicto, asombró al comodoro Sir Thomas Paisley, de visita desde el Brasil, asegurándole , que él podría, de ser necesario, llevar los vapores "Gorgon" y "Firebrand" hasta la isla de Martín García.

Hasta julio, Sulivan permaneció ocupado finalizando las cartas náuticas sobre las Malvinas y agregando datos hidrográficos a las del Río de la Plata. En agosto de 1845, a través de sus mediciones halló un canal de unos 4,5 metros de profundidad hacia Martín García.

El 28 de agosto dieron comienzo activas operaciones por parte de las escuadras combinadas de Inglaterra y Francia sobre las costas de la banda Oriental. Mientras la señora Sulivan junto con sus hijos retornaban a Falmouth.

En Colonia, los navíos tuvieron un encuentro con los enemigos, fuera de Montevideo. Siendo estos últimos rechazados por los hombres de la flota y las tropas de Montevideo que allí desembarcaron. Luego repararon las defensas de manera que los montevideanos pudiesen continuar defendiéndolas. Sulivan que participó activamente en este encuentro, cruzó luego a Buenos Aires, donde fue bien recibido por el ministro argentino en esa.

Sulivan le escribió a Beaufort:

Este inusual estado de sucesos, se debe a que esta sobrentendido que no estamos en guerra con Buenos Aires, que solo queremos que retire sus tropas de la Banda Oriental. Pero nosotros capturamos sus barcos de guerra y se los entregamos al gobierno de Montevideo, para que los utilicen en hacer la guerra en las costas argentinas. Si esto no es un acto hostil, yo no sé qué es.[15]

Después de su viaje a Buenos Aires, Sulivan condujo al "Gordon" y al "Firebrand", a Martín García, hábilmente, sin que tocaran fondo, salvo en una oportunidad, en que fue necesario remolcar al primero de ellos, para que pudiese sortear una barra donde había poca agua para su calado.[16]

Los almirantes, británico y francés, con algunos de los barcos de sus flotas, permanecieron fuera de Montevideo, mientras algunos de los de menor porte fueron enviados en una expedición con el objetivo de abrir la navegación por el río Paraná. El capitán Hotham, que comandaba este escuadrón inglés, decidió enviar primero una fuerza, río Uruguay arriba, para ayudar a la fuga de algunos colonos que se pensaba se hallaban escondidos, por temor a perder sus vidas. Las naves destinadas a esta misión fueron el "Gordon", el "Philomel", el "Dolfin" y el "Fanny". A ellos se sumaron, a la altura del río Negro, los navíos de la escuadra de Garibaldi. Sulivan se refirió a ella en los siguientes términos "Eran una flotilla "mosquito" de veinte embarcaciones, en la que había desde un bergantín de 14 cañones[17] hasta un bote ballenero, eran un poco más que unos bucaneros".

Se suponía que ningún barco, con un calado mayor a 4,50 m. podía navegar río arriba, a esto se sumaba que el enemigo había hundido algunas embarcaciones en los canales para obstruir el paso por ellos. Pero Sulivan había hallado canales más profundos y por ellos pudo llevar sus naves hasta unos 9 o 10 km. de Paysandú. Esta marcha representó un dura tarea, debiendo los ingleses navegar siendo precedidos por un bote que media constantemente la profundidad del cauce. En una oportunidad en que el "Philomel", navegaba adelantado y solo, una partida hostil de unos 50 jinetes lo siguió, cabalgando por la orilla. Sulivan podía fácilmente abrir fuego con sus piezas de artillería pero, deseoso de evitar una matanza, en lugar de abrir fuego los saludo descubriéndose. Su gesto le fue devuelto entre risas, pareciendo que los jinetes disfrutaban con la broma. La hueste se adelantó al barco y descabalgó. Al llegar el "Philomel" a su altura, los ahora infantes le hicieron una descarga cerrada a Sulivan, que se hallaba de pie en el castillo de proa. Los proyectiles volaron a su alrededor sin lesionarlo. Los agresores montaron, al estilo gaucho, ocultándose en el lado opuesto de sus caballos, y se alejaron rápidamente.

Sulivan escribió:

Los montevideanos requieren tanta vigilancia como el enemigo. Yo estoy contento en decir, unos días después del hecho, que Garibaldi atacó por sorpresa, durante la noche, una ciudad de la orilla del lado de Buenos Aires, capturando toda su población. En lugar de matarlos él liberó, al retirarse, a todos sus prisioneros. Realizando solo una gran requisa de ropa. A pesar, que en esa misma población, años antes Garibaldi había estado prisionero, siendo torturado colgándolo de un árbol por sus pulgares primero y luego de un solo brazo.[18]

Acercándose a Paysandú, los montevideanos, viendo que, aún con la fuerza británica, serían ampliamente superados en número, se abstuvieron de atacar la plaza. Los defensores tenían 700 infantes y 1.000 jinetes, mientras ellos eran solo unos 300 hombres y nosotros reuníamos 170 casacas azules.[19] Por otra parte, la artillería de abordo resultaba inútil por la ubicación de la ciudad. Garibaldi, llevó sus hombres río arriba, escoltados por el "Philomel" y el "Dolphin", los que luego regresaron, uniéndose con los otros barcos británicos. Habiendo, descendido el nivel del río, Sulivan encontró grandes dificultades para pilotearlos, esta vez, río abajo, pero llevó a cabo su tarea con éxito y las naves se reunieron con el resto del escuadrón en Martín García, donde se reunieron los barcos destinados a actuar en el Paraná. Finalizó así el servicio de Sulivan con Garibaldi, a quien era parecido en apariencia.

En octubre, por un trastorno en la salud su cirujano, el doctor Chartres, Sulivan condujo el "Philomel" a Buenos Aires. Esto ocasiono un incidente, que él siempre tomó como un hecho providencial, una suma de circunstancias que salvaron la vida de más de 20 personas. Luego de dejar a su médico en la capital de la Confederación, Sulivan vio retrasada su partida, durante dos días, por una indisposición personal. Ya en camino, un viento adverso lo llevó hasta Colonia, y viendo acercarse un vendaval, hecho anclas cerca de la desembocadura del río San Juan, cuya costa había explorado dos años antes. Una pequeña goleta se encontraba cerca de su nave. El vendaval llego con tal fuerza, que el "Philomel" no fue arrastrado gracias a haberse tomado la precaución de inmovilizarlo con tres anclas.

A la mañana siguiente, no se pudo divisar la goleta, ni aún desde el extremo del palo mayor, como tampoco al otro día. Al moderar el viento por la tarde, el barco británico se dispuso a continuar su viaje. Al estudiar la zona con su catalejo, en respuesta a una duda planteada por uno de sus oficiales, Sulivan con sorpresa vio en el interior del río San Juan, los mástiles de un barco, con su enseña izada al revés.[20] Era la goleta, que arrastrada por la tormenta, se hallaba, más allá de la barra, en territorio enemigo. Sulivan sabía que si la nave había sido capturada por los Blancos, todos sus tripulantes habrían sido asesinados. A medida que se aproximaban pudieron ver que algunos soldados, desde la playa, hacían fuego sobre la embarcación. Sulivan no deseaba atravesar un banco de arena que se hallaba frente a la entrada del San Juan, pero observando que un grupo de jinetes se aproximaban a la goleta, mientras otros a 250 metros, se aprestaban a abordar un bote, avanzó sobre el obstáculo. Realizando esta audaz maniobra, luego de evaluar que después de la tormenta el nivel de las aguas del río debería haberse elevado, dándole así, la profundidad suficiente para navegar sobre él. El bote enemigo mientras continuaba aproximándose a la goleta. Otro minuto y sería demasiado tarde para salvar a la tripulación. Sulivan mandó cargar el cañón de proa, de a 32, le dio la mayor elevación posible y abrió fuego. El proyectil, paso alto sobre el bote, pero alcanzando a uno de los jinetes, en el pecho. Al mismo tiempo los tripulantes del barco en peligro, efectuaron una descarga cerrada sobre los ocupantes del esquife, que se hallaba cercano a su borda. El doble ataque sufrido, aterrorizó a los Blancos, que se retiraron. A unos 800 metros, Sulivan y Richards abordaron sus botes, cruzaron la barra y se acercaron a la goleta, mientras desde la orilla unos 40 soldados Blancos, no se aventuraron a abrir fuego. A bordo del rescatado navío había 15 hombres, cinco mujeres y 4 niños. La desgraciada embarcación, había roto su amarra durante el vendaval, siendo arrastrada por sobre el banco de arena, hasta detenerse en aguas más tranquilas. Descubierta tempranamente por las tropas enemigas, que habían amenazado con cortarles los cuellos, habían resistido por 7 horas, habiendo sido obligados por escasez a economizar sus disparos. La pobre gente había estado todo el día observando los mástiles del "Philomel", aguardando socorro, pero al ver que el enemigo se aprestaba a botar un bote, habían perdido toda esperanza.

Junto con las mujeres de algunos soldados se encontraba la esposa del comandante de Martín García. Demasiado mareada para permanecer en el interior del barco, había yacido todo el día en cubierta, protegida detrás de algunas cajas. Una de las mujeres presentes, había dado muestras de gran coraje, habiendo recogido abundante cantidad de piedras del lastre, con las que se preparaba a agredir a los ocupantes del bote. La goleta fue remolcada sobre el banco y se encaminó a Colonia, mientras las mujeres y los niños, fueron llevados a bordo del "Philomel" a Martín García, alojados en la cabina del capitán donde recibieron su primer alimento en 24 horas. El rescate no podría haber sido realizado, si no fuese gracias a las exploraciones y mediciones realizadas anteriormente por Sulivan. El escribió "Es la cosa más gratificante que me ha sucedido".

El "Philomel" se unió a los escuadrones en la isla y los navíos se prepararon para avanzar Paraná arriba.[21]

Desde la boca del río, el 4 de noviembre de 1845, Sulivan le escribió a su padre:

Yo temo que lo que el capitán Villio le contó haya aumentado su ansiedad, pero debe saber que poco había para hacer en Martín García, o aún en cualquier otro sitio. Rosas sabía que si dejaba fuerzas en Martín García ellas serían capturadas, por lo que traslado todos sus cañones, al lugar en el río donde disputará el pasaje. Espero que hagamos allí un buen trabajo. Sabemos de la presencia de cerca de 20 cañones pesados y de 3.000 defensores. Esto se ve muy formidable, teniendo nosotros solo 150 infantes de marina y 180 marineros ingleses y otros tantos marineros franceses. Parece asunto serio el tener que desembarcar y destruir sus cañones, pero debe ser hecho o la navegación por el río será insegura. Creo sinceramente que las autoridades en Montevideo tienen una gran responsabilidad. Ellos conocen las fuerzas enemigas y aún así, con 600 soldados ingleses y 250 infantes de marina a su disposición, ellos envían solo 70 infantes de marina, habiendo Hotham sugerido que mandaran por lo menos 100 de ellos. Deberían haber enviado los 250 y así habríamos contado con 300 infantes de marina. Parecen pensar que necesitan de toda la fuerza para protegerse en Montevideo, olvidando lo serio que sería sufrir un revés río arriba. Yo no temo que eso ocurra, pero ellos deberían prevenirse contra esa eventualidad, dado que ellos tienen los medios. Como ha actuado el Almirantazgo, como lo ha hecho conociendo la probabilidad de que comenzaran las hostilidades, yo no lo entiendo. La nota enviada a usted por el capitán Villio prueba que las esperaban, aún así, para navegar en ríos de escaso calado, los vapores que tenemos, son dos de los mayores en servicio, con un calado de entre 4,57 y 4,88 m.; ni pertrechos o municiones han enviado. Los barcos están escasos de pólvora y proyectiles, y no hay ni un cohete a la Congreve en el escuadrón.

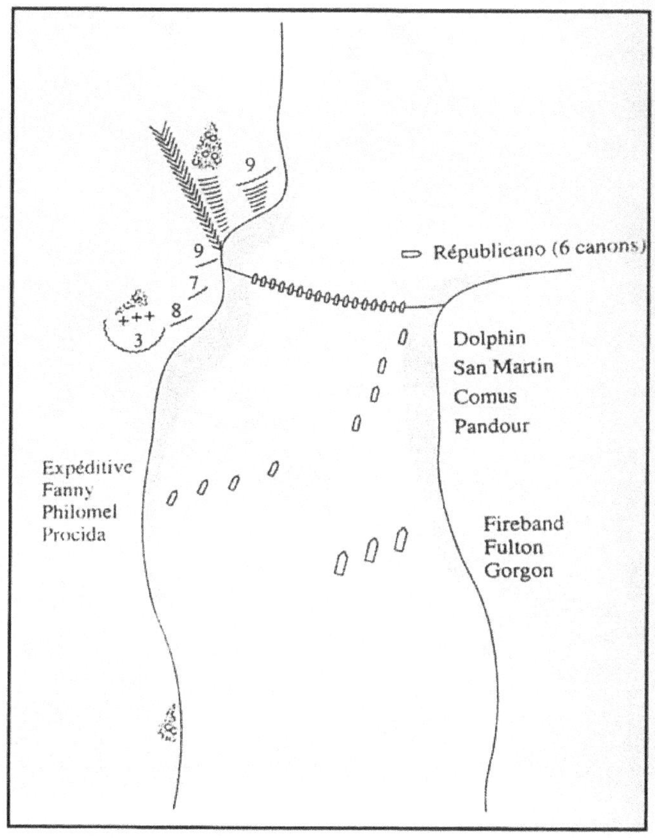

Baterías y flotas

La batalla de Obligado
1845-1846

El 8 de noviembre de 1845 los escuadrones británico y francés, comenzaron su marcha río arriba. En ellos navegaban los siguientes barcos:

Británicos			
	Tonelaje	Cañones	
Gorgon (a vapor, con paletas)	1111	6	Capitán C. Hotham
Firebrand (a vapor, con paletas)	1190	6	Capitán J. Hope
Philomel	428	8	Capitán B. J. Sulivan
Comus	492	18	Comodoro E. A. Inglefield
Dolphin	318	3	Teniente R. Levinge
Fanny (goleta capturada a Brown)	---	1	Teniente A. R. Kay
Franceses			
San Martín (capturado a Brown)	200	8	Capitán Trehouart
Fulton (a vapor, con paletas)	650	2	Teniente Mazéres
Expéditive	---	16	Teniente De Minier
Pandour	---	10	Teniente Du Pale
Procida	---	4	Teniente De la Riviére

El viento era muy favorable. El escuadrón británico, encabezado por el "Philomel", se hallaba en la división adelantada, mientras el "San Martín" precedía a las naves francesas que navegaban a popa de la inglesa. Debida a la fuerte corriente de las aguas y a alguna ocasional varadura de alguna de las naves solo hicieron 74 km. en el primer día de navegación, no alcanzando ninguno de ellas, terreno apto para realizar prácticas de desembarco. En la mañana del día siguiente, habiendo amainado el viento, el "Firebrand" tomó a remolque al "Philomel" y al "Fanny" y navegó en busca de un lugar apropiado a sus propósitos. Logrado esto, el 11 dio comienzo el entrenamiento.

Mientras los infantes de marina franceses estaban correctamente entrenados para combatir en tierra, en la escuadra inglesa sus integrantes carecían de esas habilidades, como se puede conocer de la siguiente descripción de unos hombres que muy pronto deberían enfrentarse a un gran número de fuerzas entrenadas.

Eran solo simple maniobras las que se esperaban que realizaran, pero aún esas eran ignoradas. Sulivan debió tomar por su cuenta a algunos oficiales para hacerles entender algo tan básico como que mientras la línea de tropas giraba, ellos, a cuyo alrededor de efectuaba el desplazamiento ordenado debían permanecer inmóviles. En una de las compañías de uno de los barcos se descubrió que ninguno de los hombres había sido instruido en el uso de los mosquetes. Mostrando, los oficiales y tropas, tal falta de conocimientos de las prácticas militares, que temiendo incurrieran en algún error grave, que pusiera en peligro a todo el conjunto, se decidió prescindir de ellos, aceptándose que no se contaba con el tiempo suficiente para entrenarlos. Un joven oficial, el teniente Brickdale, un supernumerario a bordo de la nave, solicitó a Sulivan la oportunidad de intentar hacer algo con esos hombres. Habiendo obtenido la autorización para llevar a cabo sus propósitos, los alejo de la vista de sus compañeros y los entrenó durante una semana, luego de la cual se aceptó que estaban listos para unirse al resto de la fuerza.

Continuando con el diario:

"Philomel", 45´arriba en el Paraná. 12 de Noviembre de 1845.

Los hombres hicieron un buen trabajo. Las órdenes para desembarcar, entre otras, llegaron anoche. Los infantes de marina, comandados por el capitán Hurdle, formaron una columna a la derecha y el batallón de hombres de mar[22] al mando del capitán Hotham lo hicieron a la izquierda. Las compañías de marinería fueron comandadas por los tenientes Woodley, Barker, Levigne y Brickdale. Las fuerzas del Philomel, mandadas por el comandante Sulivan y el teniente Doyle, formarían al frente y su columna sería precedida por un grupo de tiradores. Los franceses, se habían estado entrenando separadamente de nosotros, pero mañana todos desembarcaremos juntos.[23]

Es raro que en el Uruguay, en la boca del Paraná, no teníamos ni un mosquito y al instante de penetrar en ese río vimos nubes de ellos, a pesar de que no hay diferencias en las tierras de ambas riveras. Aún, en las islas del Uruguay no teníamos ninguno. ¿No es un hecho singular que todos los capitanes de nuestro escuadrón son condiscípulos? Hotham, Hope, Inglefield, yo mismo y el lugarteniente Key? El último obtuvo su primer medalla, ganando luego su comisión en el New System College. Es sorprendente como unos pocos días de ejercitación han modificado la capacidad de los hombres. El batallón naval hoy "marcha al paso" y realiza todos los ejercicios muy bien, y la "compañía ligera" ha cumplido con su entrenamiento.[24] Los oficiales se han estado riendo de Doyle, convertido en un muy buen infante. Siendo el más obeso, nuestro "doble paso", las cuatro horas diarias de trabajo con los hombres, con corridas frecuentes para practicar la formación de cuadros, casi lo han agotado y privado del sentido. Todos sentimos el beneficio de este ejercicio diario, luego de haber estado confinados tanto tiempo. La temperatura se está elevando mucho. Iremos el lunes. Yo espero que el "Fulton" arribe primero, porque aún hay probabilidad que nos triga noticias de paz. Por mejor que nos vaya, sería muy triste pensar que tendremos pérdidas de vidas innecesarias para el logro de nuestro objetivo. Pero el deseo de abrir el tráfico por este río, me temo que prevendrá a nuestros ministros de llegar a buenos términos con Rosas, hasta que ellos hayan forzado el paso río arriba.

"Philomel", Obligado, Río Paraná. 23 noviembre de 1845

Gracias a la misericordiosa providencia de Dios he sido preservado durante sangrientos acontecimientos, mientras muchos has sido llamados al más allá. Yo solo pudo darle un breve relato de los sucesos, ya que las cartas deben estar finalizadas esta misma noche. Alcanzamos nuestro fondeadero a unos 4 Km. por abajo de aquí, el día 18 (mi cumpleaños). Vimos las baterías para disputar nuestro paso. Ellas eran, sin duda alguna, más formidables de lo que habíamos anticipado. Estaban bellamente construidas de arcilla compactada, con gruesos parapetos de 3,50 metros de espesor (algunos de mayor grosor). Estaban en una posición excelente y tenían una ligera curvatura que les permitía disparar lo largo y a lo ancho del cauce.[25]

Llegamos al lugar muy tarde el 18 para intentar nada. Los botes habían sido enviados para intentar interceptar algunos veleros enemigos que se hallaban cercanos a la costa, pro al aproximarse a ellos se comprobó que se encontraban a unos 3 km. En el interior de un arroyo, con algunas tropas enemigas protegiéndolos y fuera del alcance de la artillería de nuestros barcos, Richard, en dos pequeños botes, y un teniente francés, este en su propia embarcación, recibieron fuego enemigo desde la costa, resultando herido un marino francés. Dos disparos penetraron en una de las pequeñas embarcaciones, pasando cerca del joven Steering que la timoneaba. Los oficiales concordaron que el riesgo de sufrir pérdidas, no estaba de acuerdo con la captura de los pequeños veleros (ya que no eran otra cosa) y prudentemente regresaron, para mi contento. Yo había observado lo ocurrido desde la proa pensando que era inútil el intentarlo.[26] En la noche del 18 salí, junto con un oficial francés, el teniente Mazéres (cada uno en un bote, con remos acolchados con telas) y realizamos sondeos evaluando la profundidad del río en las cercanías de las cadenas[27] y baterías, sin ser descubiertos, a pesar que nosotros oíamos las voces de los defensores en la orilla. Entonces un tripulante de la embarcación francesa, que actuaba de interprete entre ambas, me susurró "El capitán piensa que ya es tiempo de retirarse", yo coincidí, más aún cuando algunas luces habían aparecido en la costa y yo esperaba una lluvia de balas.

El día siguiente lo pasamos en reconocimientos y en el planeamiento del ataque.

Me fue dado el mando de la división izquierda y debía dirigir los navíos más pesados, "San Martín", "Comus" y "Pandour", con los que debería intentar avanzar más allá de la altura de las baterías, mientras el "Dolphin" debería atacar a la nave enemiga.[28] No se suponía que muchos cañones hicieran frente a la división de la izquierda y pensamos que podríamos arrasar las baterías, excepto la Nº 1. Debíamos por lo tanto avanzar en primer lugar para dar cobertura a la división de la derecha mientras alcanzaba su posición.

En la mañana del 20 había niebla, acompañada de una brisa ligera y como la corriente, de 3 a 4 nudos, estaba en contra nuestra, no pudimos avanzar. Aclaró a las 8 horas y pensando que había viento suficiente, Hotham hizo señas al "Philomel" de zarpar. Trehouart gentilmente había dado órdenes a los comandantes de los dos barcos franceses, que revistaban en mi división, de ponerse a mis órdenes como si fuesen ingleses. Hotham por su parte, había puesto nuestras naves, que se hallaban en la división de la derecha, bajo el mando de Trehouart, que se encontraba a bordo del "San Martín". Cuando zarpamos el "Expeditive" no pudo seguirnos y debió echar el ancla nuevamente por lo que nos vimos obligados a esperarlo. Rápidamente logró ponerse en marcha y procedimos, entonces, a zarpar. El "Procide" se hallaba cerca de mí, el "Fanny" y el "Expeditive" adelante. Solo podíamos avanzar a razón de unos 800 m. por hora, tan escaso era el viento como fuerte la corriente. A medida que nos acercamos pude ver que las baterías N° 1, 2 y 3 podían apuntar todos sus cañones sobre nosotros y así los vimos hacerlo.[29] Confieso que desee que todos nuestros barcos compartieran el riesgo, pero la división de la derecha, de alguna manera se nos había adelantado, menos el "Dolphin" de Levigne, que habiendo fondeado más lejos, no espero a los barcos de su división, y zarpó apenas lo adelantamos y navegaba por el medio del río. Levigne con su accionar nos salvo de una grave pérdida. Nos habíamos alejado solo unos 300 o 400 metros de nuestro punto de partida, avanzando contra la corriente, cuando una pieza de 32 libras[30] de la batería N° 1 nos disparó (9 y 50 a. m.). El proyectil pasó entre nuestros cordajes, a escaso metros por arriba del casco y cortó el asta de nuestra bandera, haciéndola caer sobre cubierta. Rápidamente fue izada nuevamente y disparamos uno de nuestros cañones de proa en respuesta (teníamos dos en el castillo de proa) y al instante siguiente todos los cañones abrieron fuego sobre nosotros. Un infierno de proyectiles y cohetes pasaron por sobre nosotros o cayeron en las cercanías. Como el joven Stevely lo describió, eran como grandes bolas de criquet volando por arriba nuestro. Yo me había dirigido hacia proa, para hacer fuego con una de la piezas de estribor, para calcular su alcance, encaminándome luego al timón (porque debíamos anclar para fijar nuestra posición para los demás) cuando vi un violento estallido en el castillo de proa. Un proyectil había pasado por arriba de mi cabeza (estábamos detenidos frente a las baterías) y vi al pobre Doyle (que había ido a disparar el mismo cañón que yo había utilizado momentos antes) caer hacia atrás, rodando hasta casi salir del castillo de proa, mientras 2 o 3 hombres más también cayeron en la cubierta. Un disparo había hecho blanco en el cañón destruyendo su cureña y las esquirlas de hierro habían producido el daño. Yo pensé que Doyle había muerto, pero pronto recibí noticias de que solo estaba gravemente herido.

Los proyectiles continuaban pasando cerca nuestro y en un minuto el trinquete fue cortado por la mitad (el único tiro que impactó a tanta altura) por lo que nos vimos obligados a arriar la vela por debajo de la rotura. Al mismo tiempo otro disparo cortó el encordado de la vela mayor que se vino abajo, comenzando nuestro barco a derivar hacia atrás por causa de la corriente, Así, nos vimos obligados a echar un ancla a unos 250 m. de nuestra anterior posición. Dos nuevos disparos dieron en la banda de estribor en cercanías de la proa. En el momento que me aprestaba subir al castillo de proa para reconocer el daño sufrido por el cañón, otro proyectil dio por debajo del castillo, haciendo estallar una jaula de aves de corral. Astillas y trozos de metal volaron en todas direcciones, derribando a dos o tres hombres más. Toda nuestra cubierta, hasta la rueda del timón se hallaba sembrada de restos de madera y hierros y otros dos impactos dieron en nuestro castillo de proa. Todo esto que he descripto tuvo lugar en menos de 10 minutos y fue solo la primera andanada de las baterías. El enemigo hacía fuego magníficamente, ellos habían practicado con blancos y conocían perfectamente el alcance de sus piezas.

Los navíos de mi división echaron sus anclas al mismo tiempo, intentando oponer sus bordas a la fuerte corriente, pero fueron dispersados, retrocediendo hasta cierta distancia, a excepción del "Fanny", de Key, que logró permanecer cerca nuestro. A estas alturas, el único otro navío que se hallaba arriba era el "Dolphin", el cual, no habiendo sufrido la primera andanada, lograba mantenerse. El enemigo, viendo que el barco se encontraba más adelantado y cercano a ellos que nosotros, abrió fuego sobre él con todos sus cañones, con excepción de dos piezas de la batería N° 1. Yo estoy convencido que de no haber estado Levigne en esa posición, nosotros hubiésemos sufrido horriblemente por la acción del fuego enemigo. En esos momentos no había ningún barco a vapor a menos de 2.000 m. de nosotros. Pobre Levigne, pronto comenzó a recibir el mismo tratamiento que habíamos padecido, con la diferencia que fue mucho más prolongado, sufriendo grandes destrozos en su cordaje y velas, por lo que no pudiendo aproximarse tuvo que echar el ancla. Él quedó expuesto a una distancia de unos 600 m. al fuego de los cañones, que solo podía responder con los disparos de sus tres piezas de artillería, los de los 3 cañones de proa del "Philomel" y uno del "Fanny".

En el siguiente cuarto de hora, Trehouart subió con el "San Martín", sobrepasando la nave de Levigne y atrayendo sobre si el fuego que había estado castigando al "Dolphin". Este para entonces había sufrido un terrible daño lamentando 19 bajas entre sus tripulantes, entre muertos y heridos. Similar destino corrió entonces el barco francés. El "San Martín" vio rápidamente muy dañado su velamen y cuando se hallaba próximo a llegar a la posición ordenada previamente, un proyectil le produjo la pérdida de su ancla, que cayó al río. El "Comus", que lo seguía, sí había logrado llegar a la suya, cercano al "San Martín", desde donde sus carronadas hubiesen sido más efectivas, pero al tratar de utilizar un ancla de popa como un resorte, derivó hacia atrás, alejándose del "Dolphin", dejándole más expuesto y haciendo menos efectivos sus disparos.

El "San Martín" se halló entonces solo en su avanzada posición. Cuando consideramos que este era un pequeño bergantín, de solo 200 toneladas, podemos asegurar que ningún barco de su tamaño, y aún pocos de cualquier otro tamaño, fue nunca expuesto a tal predicamento y ciertamente ningún otro se comportó con tanta nobleza. En su casco, recibió una buena parte de los disparos de las tres primeras baterías , en su proa habían hecho impacto proyectiles disparados por las 7 piezas de la batería N° 4, desde una distancia de 600 m. y desde poca distancia fue blanco de los 8 cañones del "Republicano" y de los dos pequeños barcos que lo acompañaban. Podemos tener idea de la intensidad del fuego enemigo por algunos datos: en las inmediaciones del mascaron de proa recibió 36 impactos de proyectiles redondos de hierro, tres de sus cañones de estribor y los de 18 libras de proa fueron destruidos; al trasladar una de la piezas a la otra banda,, en pleno combate, los tres servidores que intentaban hacer fuego cayeron muertos y el cañón desmontado, siguiendo igual destino otros dos, que también fueron trasladados. Quedo entonces convertido en un blanco pasivo para la artillería enemiga. Pero aún así se mantuvo en su posición! Con su ancla cortada, derivó un poco, pero logro permanecer.

Los otros barcos se aproximaban y los continuos disparos del "Dolphin", del "Philomel" y del "Fanny" comenzaban, evidentemente, a producir una disminución de las descargas de la artillería enemiga, que por su parte proseguía volcando su fuego sobre el desafortunado Trehouart. Su barco se convirtió en una ruina[31], con 44 de sus 100 tripulantes muertos o heridos.

El débil viento existente, impidió que los restantes navíos ocuparan las posiciones asignadas.[32] Hicieron su aparición los vapores, que comenzaron a descargar su pesada artillería y granadas. El vapor francés avanzó directamente en defensa de su oficial superior, ocupando *un buen lugar, posición en la cual no dejaría de sufrir muchos daños. Temiendo que pudiesen sufrir averías en sus maquinarias, por la artillería enemiga, no había existido intención que los vapores se aproximaran, hasta no haber sido cortadas las cadenas, momento en el que deberían pasar la obstrucción y proceder a flanquear las baterías desde arriba. Pero en respuesta a la señal de Trehouart, el vapor francés ("Fulton") se introdujo en lo más denso del combate, cerca de las cadenas.*

La causa de los daños sufridos en los barcos que encabezaron el ataque fue el escaso viento, que impidió que alcanzaran las posiciones asignadas. Esto permitió que las baterías pudiesen concentrar el fuego de todas sus armas en cada uno de ellos y lo que nosotros padecimos durante unos pocos minutos, Levigne, debió soportarlo por más tiempo y la fragata francesa (San Martín) mucho más. Pero el mayor daño sufrido por este último puede también ser atribuido al hecho que se trataba del viejo bergantín del Almirante Brown que había sido capturado junto con otros barcos de la escuadra de Rosas en Montevideo y que habiendo sido reconocido por los defensores y viendo que los atacaba fue elegido por ellos como su objetivo preferencial.

Yo confieso que comencé a pensar que no lograríamos pasar cuando vi al "Dolphin" y a nosotros mismos bajo tan intenso fuego y comprobé el magnífico desempeño de las baterías.

Cerca de las 11.30 horas la tripulación del "Republicano" lo abandonó, embarcando en sus botes, luego de incendiarlo, yendo a reforzar los defensores de la batería N° 4, que protegida por su alto parapeto, casi no había sufrido daños.[33] *La batería N°3, por el contrario había sido prácticamente silenciada, habiéndosele retirado sus cañones, que fueron emplazados en un bosque cercano. Varias piezas de artillería de las baterías N° 1 y 2 también habían sido silenciadas, pero las remanentes, continuaban disparando valientemente y con total frialdad. El fuego cruzado que llovía sobre esas posiciones producía repetidas bajas entre sus ocupantes, bajas que eran reemplazadas rápida y repetidamente. Carros llenos de muertos y heridos se podían ver alejándose en forma continua hacia la retaguardia, en los bosques circundantes. Un pequeño número de infantes pareció estar retirándose, pero fueron obligados a regresar por fuerzas de caballería. Por los disparos y granadas que pasaban sobre las baterías la matanza entre las tropas debió ser grande. Vimos grandes masas de caballería y de infantería retrocediendo tierra adentro, mientras las baterías impresionaban tener un menor número de servidores.*

El enemigo, sin duda alguna, se comportó bien, y un hombre con un chaleco blanco, en la batería N° 1 era el más conspicuo entre los artilleros. Dirigía el fuego de los cañones, de pie en el parapeto, mientras los proyectiles se estrellaban sobre las defensas, permaneciendo indemne hasta el final, siendo admirado por todos. Pero lamento mucho decir que luego oímos que era el hijo[34] del anciano Brown, quién, por ser nacido en Buenos Aires de padres ingleses, es, según la última decisión de Sir Robert Peel[35], un bonaerense, y por lo tanto, supongo yo que tiene el derecho de combatirnos.

La otra batería que se comportó también muy bien estaba comandada por Thorne, un americano, y era servida por marineros muchos de los cuales eran ingleses[36], algunos de los cuales hemos hallado heridos. Ellos alegaron que de haberse rehusado a servir habrían sido degollados.

Pero continuemos. Cerca del medio día, luego e hacer algunas reparaciones en nuestro cordaje, una ligera brisa nos permitió avanzar y acercarnos. Durante el resto de la jornada ocasionalmente sufrimos el fuego enemigo y nuestro casco no volvió a recibir ningún nuevo impacto.

Un cuarto de hora más tarde el "Republicano" voló por los aires.

Los botes del "San Martín" y del "Dolphin" fueron destruidos y esos barcos experimentaron tales daños que no podían intentar cortas las cadenas, de lo cual todo dependía.[37] El capitán Hope se ofreció como voluntario para realizarlo. Con 3 botes, llevando con él a los armeros del "Dolphin" que previamente habían practicado el corte, navegó hasta la obstrucción, entre el 7° u 8° barco acoderado , contando desde la isla y a unos 500 m. de las baterías. En unos instantes había tres sierras trabajando, una con el capitán Hope cortando los 4 cables de la cubierta de uno de los navíos, otras con el teniente Webb, primer oficial del "Dolphin", y el guardiamarina Commerelle. Cortando los cables en tres barcos[38], mientras los tripulantes de los botes buscaban refugio del fuego enemigo, entre los cascos de los inmóviles barcos. Todo el fuego de las baterías parecía concentrado en el pequeño grupo que trabajaba en las cubiertas. A pesar de los pesados proyectiles y granadas que producían nubes de esquirlas y astillas, provenientes de las estructuras de sus cubiertas, ninguno de ellos fue alcanzado. En cuatro minutos las cadenas fueron cortadas y tres barcos se separaron de la barrera, dejando una abertura de unos 80 m. de ancho. De algunos prisioneros[39] hemos sabido que el general[40] había cabalgado hasta las baterías ofreciendo hasta 50 onzas (200 £) al artillero, de cualquier pieza, que lograra alcanzar al capitán Hope. Su alta talla, 1,82 m., y su permanencia de pie, entre los que trabajaban en las cadenas, lo hacía un blanco fácil. El "Fulton" había ya agotado sus proyectiles y como el "San Martín" se había convertido en un blanco irresistible para el enemigo. No bien fue posible atravesar la barrera, el vapor francés la cruzó y después, rápidamente, hicieron lo mismo el "Firebrand" y el"Gorgon". Por primera vez, estos últimos dos, estuvieron bajo fuego, pero por entonces había pocos cañones disparando, y ellos no sufrieron pérdidas, siendo alcanzados por uno o dos cañonazos y algunos cohetes La ubicación de estos barcos más arriba de las baterías les permitía arrasar con ellas. No bien Hotham hizo señal que los botes armados concurrieran al "Gorgon", todos acudimos. Richards y el joven Sulivan[41] fueron de nuestra partida, además de mí, dejando a Fegan y Brown a bordo, con los hombres suficientes para atender dos cañones. Al navegar los botes a través de la destruida obstrucción, rumbo al "Gorgon", la batería N° 4 abrió fuego de metralla sobre ellos, sin que se produjeran bajas.

Al subir a bordo, hallé a Hotham muy dubitativo en desembarcar.[42] Nosotros habíamos tenido conocimiento que por lo menos había 3.000 hombres en la costa, pero ignorábamos entonces que entrenamiento y capacidad de fuego tenían, pero él evidentemente sintió que nuestra misión no estaría finalizada, si los cañones enemigos no eran destruidos. Hope había estado con el comandante francés, quien le informó que a causa de las bajas sufridas, no podía prescindir de ninguno de sus hombres para el desembarco, pero si Hotman decidía ir a tierra, él, que avanzaba aguas arriba con dos barcos franceses, a uno de los cuales se había trasladado[43], los amarraría cerca de las baterías para cubrirnos con sus fuegos.

Hotham requirió mi opinión, y yo sentí tanta incertidumbre y responsabilidad de de hacerlo, sabiendo que si fallábamos la victoria sería del enemigo, pero que si no finalizábamos nuestra tarea, habríamos fracasado en nuestras intenciones. Entre la ansiedad por desembarcar y el temor a la ventaja que para Rosas representaría nuestro fracaso, por primera vez no supe que responder y, dije que prefería no emitir opinión, pero que si él decidía ir a tierra, yo estaría complacido en acompañarlo. Hope, había solicitado acompañarnos si desembarcábamos, a pesar de haberse decidido que él debía comandar desde el barco. Él y el capitán Hurdle, de los infantes de marina, habían, creo yo, estado a favor de desembarcar. Hotham en pocos minutos decidió llevar las tropas a tierra y decidir el conflicto.[44] *Estando las baterías flaqueadas por bosques era imposible el conocer el número de fuerzas que había en ellos. Continuando la batería N° 4 haciéndonos fuego, a pesar de haber recibido algunos precisos disparos en su interior, estando nuestras fuerzas reducidas por la ausencia de los franceses y por los muertos y heridos ingleses, Hotham merece, con toda certeza, elogios por su acertada decisión de intentar y llevar a cabo el ataque a las baterías, cuando había tantas dudas sobre la conveniencia de realizarlo. Siendo la batería N° 1 la principal, se decidió atacarla en primer lugar, mientras que la N° 2 y la N° 3, muy castigadas, podían ser destruidas desde los barcos en cualquier momento.*[45]

Nosotros desembarcamos por debajo de la primera. Mientras nos acercábamos a tierra y nos formábamos en la orilla, nos dispararon una o dos veces desde la batería N° 4, pero estábamos tan próximos, por debajo de ellos, que ellos no pudieron deprimir más sus piezas para alcanzarnos.[46] *Yo clavé*[47] *algunos de los cañones en la N° 2, pero desgraciadamente olvidé arriar la gran bandera, que tenía los lemas de Rosas, a pesar de haber estado junto a su asta.*[48] *Nos formamos y avanzamos sobre la batería N° 1, emplazada sobre una altura el terreno de unos 15 metros de altura. Yo tuve que encabezar una compañía formada por marineros del "Gorgon", comandados por el teniente Key, y algunos hombres de cubierta del "Philomel", bajo las órdenes del teniente Richards. Key rodeó la posición, mientras nosotros ascendimos por el frente, arribando al mismo tiempo a la batería. No había un alma en ella, salvo un puñado de cuerpos espantosamente mutilados por nuestros disparos. Uno de nuestros hombres arrió la bandera enemiga.*

Sorpresivamente un graneado fuego de mosquetes cercanos cayó sobre nosotros, provenientes de los árboles que se hallaban a unos 50 metros, a pesar de lo cual no pudimos localizar a los tiradores. Es maravilloso que ninguno de nosotros resultara herido, pero lo cierto es que disparaban por arriba nuestro. Nosotros descargamos un pesado fuego hacía el bosque y en uno o dos minutos cesó el fuego enemigo.[49]

Antes de ser alcanzados por los infantes de marina que nos seguían, todo había concluido. Los hombres de Key avanzaron hacía el bosque, mientras nosotros bajamos nuestras armas y dimos comienzo a la tarea de intentar romper los muñones de los cañones.[50] *Yo primero clavé el cañón que más nos había disparado y que tan mal había herido a Doyle y a otros. (Richards y yo teníamos martillos y una bolsa de clavos para este propósito). Era un hermoso cañón, de bronce, de a 32, ricamente ornamentado. Yo espero mostrártelo en casa a ti, algún día, montado en algún lugar público.*

Acabábamos de inutilizar todos, cuando vi a uno de nuestros hombres que me pareció que examinaba uno de los cuerpos, por lo que le dije que se alejara de él, cuando para mi sorpresa y dolor reconocí en el caído al pobre Pollybank, mi timonel, que había estado junto a mí, mientras trepábamos hacía la batería y que debió ser muerto en ese momento. Había recibido un disparo en la cabeza y permaneció respirando superficialmente durante una hora, muriendo mientras retornábamos al barco. Usted puede adivinar fácilmente cuales eran mis sentimientos. A pesar de todo no había mucho tiempo para pensar en ello, solo para agradecer a la misericordia que fuese la única vida pérdida cuando los proyectiles silbaban tan cerca de nuestras cabezas. Durante ese tiempo se oyeron, disparos provenientes del bosque, donde Hope tenía dos compañías de marineros. Él había entrado a la batería, cuando nosotros estábamos disparando, mientras los infantes de marina se desplegaban en la retaguardia de la batería para defenderla hasta que pudiéramos desmontar los cañones. Esto lo hicimos rápidamente, pero no pudimos romper sus muñones (ahora estoy contento de ello, pues los tenemos a salvo en el barco como trofeos). De los seis solos estos dos se hallan en condiciones de prestar servicio, mientras los cuatro restantes han sido alcanzados por nuestros disparos. Una pieza se hallaba muy deformada y todos, menos uno estaban averiados y presentando deformaciones en mayor o menor grado. El parapeto estaba dañado y el tubo de la cohetera había recibido dos impactos. Yo calculo que cada pieza había recibido un promedio de tres impactos. Si tomamos en cuenta que al principio del combate nos hallábamos a una distancia de 900 a 1.000 m., nunca menor a los 500, y que la batería se hallaba a unos 15 m. por arriba nuestro, podemos valorar lo hermosamente preciso de nuestros disparos; no hubo grandes diferencias en la precisión artillera de los barcos. Los franceses dispararon muy bien también, de hecho sus compatriotas pueden sentirse orgullosos de su desempeño. Con la mitad de hombres que teníamos nosotros, ellos sufrieron el doble de bajas. La mayor parte de las mismas se produjeron en el "San Martín". Los franceses tenían un total de 450 hombres, de ellos 60 fueron bajas, entre muertos y heridos, lo que hace un promedio de una baja cada siete hombres y medio.

Nuestras pérdidas fueron mayores en el "Dolphin", "Commus" y "Philomel". Del total de 36 bajas sufridas, 30 ocurrieron en estos barcos. Entre los tres reunían 240 hombres, 1 de cada 8 fue una baja. Cifras similares a las francesas. Ni aún el "San Martín", proporcionalmente sufrió más bajas que el "Dolphin". El navío francés tuvo 35 muertos y heridos de un total de 100 tripulantes, mientras el ingles 18 de 58, lo que no hace mayor diferencia.

Es llamativo que en un encuentro de tal magnitud no haya habido ninguna baja entre los infantes de marina.

BAJAS		
Ingleses		
	Muertos	*Heridos*
Gorgom	0	3
Firebrand	1	1
Philomel	1	6
Commus	2	2
Dolphin	5	14
Fanny	0	1
TOTAL	9	27

Franceses		
	Muertos	*Heridos*
San Martín	10	25
Expéditive	2	4
Pandour	2	10
Fulton	1	6
Procide	0	0
TOTAL	15	45

Debe recordarse que ellos habían sido enviados previamente desde sus barcos a los vapores para desembarcar y que estos estuvieron bajo fuego, por parte de dos cañones, por pocos minutos, al pasar las cadenas y que cuando desembarcaron el combate por la ocupación de las baterías había finalizado.

Tal vez yo debería agregar, y usted estaría satisfecho con ello, que cuando fui a hablar con Hotham, en el calor del combate y antes de producirse el corte de las cadenas, para sugerirle algo acerca de la posición de uno de nuestros navíos, él me dijo, frente a todos los hombres de cubierta del "Gorgon", que el desempeño del "Philomel" era la admiración de todos. Pero yo no puedo dejar de destacar en primer lugar (de los ingleses) al "Dolphin", junto con meritorios sucesos como el corte de las cadenas realizado por Hope, de la manera como fue llevado a cabo y la decisión de Hotham de desembarcar y cumplir el objetivo asignado en lugar de ser juzgado por una victoria parcial. También debo mencionar la valentía con que combatieron al comienzo nuestros enemigos. Ellos obtuvieron al principio una gran ventaja por los daños que causaron al "Dolphin" y al San Martín. Esto les habría dado una buena historia, si no fuese por nuestro exitoso desembarco. Si recordamos que nuestras bajas en tan exitosa maniobra fueron solo dos muertos y tres heridos, tenemos que aceptar cuan afortunada y oportuna fue la decisión de Hotham de realizarla.

Me olvidé de decir que no queriendo dividir nuestras tropas, nosotros solo inhabilitamos las baterías N° 1, 2 y 3, mientras la bandera enemiga aún flameaba en la N° 4 y se desarrollaba un tiroteo entre algunos de nuestros hombres que custodiaban los botes y enemigos instalados en los bosques, alrededor de ella. Uno de nuestros muchachos (Payne) le disparó a un hombre en el momento en que se disponía a abrir fuego sobre él. Allí fue donde el tripulante del "Gorgón" resultó herido. Nosotros matamos y herimos a varios con nuestras primeras descargas en los combates alrededor de la N° 1, y los hallamos en el bosque cuando avanzó nuestra compañía liviana.

Debo darle a usted algunos detalles de las bajas que sufrimos en el "Philomel". Considerando la posición que ocupamos durante la batalla y la opinión de los oficiales del "Gorgon", que viendo la lluvia de proyectiles que caían sobre nosotros durante los primeros minutos, pensaron que seríamos hundidos, es por intercesión de la magnánima Providencia, que nos protegió de tener un mayor número de bajas. El único hombre muerto, fue mi timonel Pollyblank. El pobre Doyle, temo que este mortalmente herido. Fragmentos de hierro provenientes del cañón han penetrado en su costado y muslo izquierdo en tres lugares, fracturándole la cadera, mientras otras esquirlas le han herido y fracturado el brazo y aplastado su mano. Si sobreviviese a la espantosa herida de su cadera (que los médicos creen imposible), el perdería su brazo. Se ha comportado noblemente y cuando se le dijo que el enemigo abandonaba las baterías emitió algunos débiles vítores en su agonía. En un momento en que el fuego enemigo disminuyó, baje un momento a verlo y él me pregunto si los estábamos obligando a retirarse, y pareció satisfecho cuando así se lo confirmé. Luego el pobre dijo que había estado pensando, cuanto mejor había sido que fuese el herido y no yo, porque él no tenía nadie que dependiese de él, como era en mi caso. Esto fue demasiado para mí y pienso que nunca sentí tanta pena como en ese momento. ¡Verlo así tan lacerado, sangrando, mientras pensábamos que moriría rápidamente y todavía pensando en los demás! Realmente demostró un noble espíritu.

Yo pienso que el enemigo nunca más nos hará frente, esta ha sido una lección para ellos. Pero es espantoso pensar en la carnicería producida! En el pequeño espacio que hemos recorrido, cercano a la costa, hay alrededor de 100 cadáveres, la mayoría espantosamente mutilados por los proyectiles redondos. Es llamativo que a pesar del número de proyectiles explosivos disparados, pocos hombres han sido muertos por ellos (yo solo pude ver uno) mientras hombres y caballos habían sido muertos por las balas y bombas antes de que estas explotaran.[51]

Cada cobertizo tenía una proporción de muertos y nosotros oímos decir luego que al principio habían retirado gran número en carros, para evitar que su vista descorazonara a sus compañeros. Nosotros vimos en la retaguardia a la caballería, durante el combate, intentando hacer regresar a los infantes que se retiraban y en un caso a un oficial, cabalgando, que procuraba enviar un grupo hacía el bosque y que resultó muerto por sus hombres, que se alejaron.

Todos los días encontramos desgraciados sobrevivientes heridos en los bosques[52]. Hoy encontramos tres, con miembros amputados, pero vivos. Temo que en el interior de la espesura se halla un mayor número, muriendo de hambre, imposibilitados de movilizarse por sus heridas. Hay hombres de todas las naciones entre los heridos, nosotros hayamos ingleses, americanos, españoles, rusos, etc., y algunos pobres negros. Yo espero nunca más tener que participar en una escena tal, al mismo tiempo estoy sorprendido, y aún disgustado por mi falta de sentimientos. Al día siguiente de la batalla, me encontré moviéndome entre los cuerpos inmóviles, como si no fueran seres humanos, mientras examinaba los efectos de mis disparos. Me estremezco cuando pienso cuantos habrán muerto por mi propia mano, por que a medida que cambiamos nuestra cargas de pólvora según nuestra distancia, por que los disparos no eran certeros, yo personalmente disparé varias veces para determinar el alcance de nuestras piezas. En realidad disparé tantos que lastimé la piel de mis dedos traccionando de la soga del disparador, porque yo sabía que era de la mayor importancia el disparar de tal manera que ellos temieran cada disparo. Algunas veces llegamos a dejar sin servidores a las baterías, pero grupos de hombres regresaban a ellas, para responder a nuestro fuego, a veces en solo uno o dos cañones, permaneciendo hasta ser muertos u obligados a retirarse, pero siempre nuevos defensores los reemplazaban. A pesar de esta carnicería el hijo del viejo Brown permaneció, casi todo el tiempo, de pie en el parapeto, indemne a nuestros disparos. A veces se acercaba a un cañón y tomaba puntería para hacer luego fuego. Tanto el "Dolphin" como yo, finalmente le tomamos un gran respeto y no deseábamos verlo caer. Nosotros oímos que era el hijo de Brown por informaciones de los prisioneros heridos, pero por supuesto sus datos no son seguros. Uno de nuestros disparos tuvo un efecto extraordinario. Había un árbol, de grueso tronco, en línea recta con nosotros, a retaguardia de una de las baterías, tras él, tres oficiales habían buscado protección. El proyectil pasó a través del árbol, decapitándolos, los desafortunados yacían en una sola línea, según habían sido alcanzados.

Las cabañas y casas hacía tiempo que estaban deshabitadas y se encontraron en ellas todo tipo de cosas, abundante vino y bebidas espirituosas, que fueron probadas, aún cierto número de cajas de champagne. Desafortunadamente 4 infantes de marina se emborracharon y serán castigados en el día de mañana.

Solo uno de mis infantes mereció una queja y Hotham ha hecho a los hombres un gran cumplido por la acción cumplida en las baterías. Mientras nos alejábamos del "Gorgón" hacia la costa, el nos saludaba y nos dijo "Piensen que yo los elegí para llegar hasta las baterías y destruir los cañones por que los conozco de antes y estoy seguro que lo harán bien"

Al día siguiente, desembarcamos temprano[53], *con los franceses guiándonos a la batería N° 4, para destruir más cañones. No hubo resistencia, a las siete piezas de artillería se las hizo rodar y fueron arrojadas al río. Al mismo tiempo recibí el mando de dos compañías para con ellas acudir a la batería N° 1 y tratar de aserrar los muñones de los cañones, habiendo ya inutilizado las cureñas. Viendo que no podíamos realizarlo pedí más hombres a Hotham para tratar de retirar las piezas. Él me dio 150 infantes de marina, mientras los marineros montaban guardia y ocasionalmente abrían fuego sobre algunas patrullas enemigas de reconocimiento. Utilizamos gran número de cuerdas, y con la sola fuerza de nuestros brazos, los arrastramos hasta el bote y trabajando todo el día, reemplazándose entre sí marineros e infantes. Finalmente, en las primeras horas de la noche los tuvimos a todos. Estamos muy contentos con nuestros esplendidos trofeos y sirven de contrapeso a nuestras banderas en Buenos Aires.*[54] *La descripción de ellos en el croquis no es exacta.*[55] *Los cañones son más grandes de lo que pensamos, tres de a 32 libras, cinco de a 24 y dos de a 18, todos ellos de antiguo y espléndido bronce español, uno ricamente ornamentado, fundido en 1663 y otros cerca de 1780, en la Real Fundición de Sevilla. Yo supongo que nunca se han capturado cañones de bronce más hermosos. Por supuesto dimos la mitad a los franceses, pero cinco de que conservamos, servirán como nuestros trofeos.*[56] *para demostrar lo bien que disparaban, basta recordar que al comienzo, ningún tiro, excepto uno, pasó más arriba nuestro de los 3 m., y el foque, que fue guardado luego de echar el ancla, tenía siete impactos, ninguno más alto, salvo el que cortó el mastelero.*

Ahora creo haberte contado todo excepto los nombres de nuestros heridos.[57] *Además de Doyle, el pobre Raymond, jefe del castillo de proa y que había servido cinco en el "Beagle", fue seriamente herido. Un trozo de hierro, del largo de un guardacabo, fue extraído de su cabeza (le cortó la arteria temporal), además de sufrir la rotura de su codo, pero yo aún espero que mejore. Cummings y el niño Williams, ambos seriamente heridos por astillas y el viejo Lee, también herido, pero levemente en su espalda y brazo, y Templeman en ambos brazos. Hay otros dos en la lista con contusiones. No me agrada engrosar la lista demasiado, por lo tanto no desearía agregarlos. Además de estos hay otros con sangre en caras y manos, por las nubes de astillas que volaron. Un niño escocés, que se había unido a nosotros proveniente de una goleta mercante británica, prosiguió llevando pólvora al castillo de proa, tan calmadamente como hacía su trabajo todos los días, mientras la sangre corría por sus mejillas. Lee y uno o dos más, luego de haber sido vendados, difícilmente pudieron ser mantenidos bajo cubierta por más de cinco minutos. Parecían más curiosos de ver el impacto de nuestros disparos que temerosos de los redondos proyectiles que nos golpeaban. Los jovencitos se portaron muy bien, ambos ocuparon sus puestos en los mástiles para recoger el velamen y Stevely llamó mi atención avisándome que el trinquete casi estaba perdido. W. Sullivan había enarbolado la bandera inmediatamente después de haber sido voladas las drizas, el viejo Hall, el cuartel maestre, deseaba que la enseña no fuese reparada, y ser mantenida con el orificio producido por el disparo enemigo para ser izada a nuestro regreso a casa.*

Fue muy curioso que unos de los primeros disparos hechos por nuestros enemigos contra nosotros, casi hallado matado a Doyle y que el primero hecho sobre el "Comus", haya decapitado al pobre teniente Brickdale, que se hallaba disparando el cañón de proa y matara al niño encargado de la pólvora, pero no tocara al barco. Mientras en el "Expéditive", uno de los primeros impactos sufridos desmontó la pieza de a 32 de proa, matando al teniente que estaba a punto de hacer fuego con él. Solo otro oficial resultaría muerto, un excelente joven, G. Andrews, contador en el "Dolqphin". Este barco había visto cortado el cable de su ancla, por lo que derivó alejándose algunos metros, mientras el fuego había prácticamente cesado. En esos momentos él hizo referencia a lo bien que habían salido librados e inmediatamente fue alcanzado mortalmente por un proyectil redondo, que penetró bajo cubierta, donde se hallaba colaborando con el cirujano de a bordo.

Las bajas entre los oficiales británicos fueron las siguientes:
- *Teniente C. Brickdale, "Comus", muerto.*
- *G. Andrews, contador a cargo, "Dolphin", muerto.*
- *Teniente Doyle, "Philomel", gravemente herido (fallecido).*

– R. Warren, 2° jefe, "Dolphin", ligeramente herido.

– J. Gallagher, cirujano, "Dolphin", ligeramente herido.

– T. Ellestab, asistente de contador, "Dolphin", ligeramente herido.

– Teniente Kay, "Fanny", ligeramente herido.

Sería útil agregar aquí extractos[58] de las evidencias presentadas por el capitán Sulivan frente a la Real Comisión de Defensa de Costas en 1860. El utilizó sus declaraciones para demostrar: lo difícil que resultaba detener los navíos frente a las baterías, como deberían construirse ellas y el valor del fuego vertical sobre el directo al disparar sobre fortificaciones. Algunas conclusiones se pueden extraer de ellas para ser utilizadas en nuevos métodos de guerra.

Ellos no pudieron hundir lo barcos gracias a estar las aguas muy calmas. El "San Martín" recibió 106 impactos de proyectiles redondos en su casco y la mayoría en el cobre por arriba del nivel del agua.

La mayor concentración de impactos estuvo a la altura de las aguas, siendo esta la única razón por la que se salvaron los tripulantes de cubierta.

Los proyectiles no impactaron muy arriba, ellos disparaban hacia la línea de flotación, no mucho más alto. Si el "San Martín" hubiese escorado unos 15 cm., se hubiese hundido, pero no hubo ningún impacto bajo la línea de flotación. Pero yo creo que mientras tuviese una sola vela podría haber navegado más allá de la barrera.

Las baterías habían sido construidas por un ingeniero ruso, de arcilla apisonada, con un parapeto de 4 a 5 m. y tan perfectamente eran que el fuego cruzado efectuado desde los barcos, durante 8 horas, no pudo silenciarlos. Solo podían ser silenciados aquellos cañones que estaban detrás de los parapetos, donde las troneras no eran lo suficientemente profundas o donde los parapetos no eran lo suficientemente altos para ocultar las cabezas de los artilleros o proteger las piezas convenientemente. Ello no era el resultado de haber dañado los cañones, luego de 8 horas la batería principal tenía solo una pieza dañada, más bien se logró acallarlos cortando las cabezas y hombros de los defensores con el cuidadoso y certero fuego efectuado desde el barco.

Yo no creo que un bombardeo pueda tener éxito en detener un barco frente a una batería. Puedo agregar, que tan poco efecto tiene el bombardeo sobre una batería que tenga un parapeto que sobrepasa la altura de los defensores, que a pesar que dos de nuestros pesados vapores, luego de destruida la barrera, ocuparon posiciones cercanas a la batería,[59] flanqueándola, donde los cañones de ella no podían alcanzarlos y que dispararon durante 3 o 4 horas sus pesados cañones, a más del fuego directo que recibía la misma, no le ocasionaron el menor daño y difícilmente haya tenido un hombre herido.

No teníamos proyectiles con espoletas de contacto en esos días. Los que teníamos, con mechas encendidas, eran evidentemente tan inútiles frente a los parapetos que yo luego de haber disparado, personalmente y con gran cuidado, 12 de ellos, pude observar que o bien daban en el parapeto sin explotar o lo sobrevolaban, explotando más allá de los defensores. Era un gasto inútil de proyectiles por lo que decidí no disparar ninguno más de este tipo. Yo continué haciendo fuego con carga reducidas a una libra de pólvora, disparando desde lo más cerca posible por arriba del parapeto, buscando que cayesen desde arriba en el interior de la batería.[60]

Hubo un suceso notable que demuestra cuánto daño puede soportar un barco a vapor. El francés "Fulton" (600 a 700 toneladas) avanzó para cubrir a su jefe, que estaba sufriendo el fuego enemigo, y ancló entre él y las baterías. Al no estar todavía destruida aún la barrera se vio detenido allí, yo creo que durante unas 3 horas. El "Fulton" recibió en sus ruedas a paletas 56 impactos de balas redondas.

Ellas destruyeron cada partícula de la rueda y las paletas, del lado más cercano a las baterías, de tal forma que el eje remanente solo tenía una masa de hierros retorcidos a su alrededor. A pesar de esto, cuando las cadenas fueron cortadas, fue el primero que atravesó la barrera, con solo su rueda restante, para después descender río abajo, repasar las baterías y remolcar a algún barco, a pesar que tres proyectiles habían alcanzado sus máquinas, sin dañarlas. Hubo allí, según sus propios cálculos, 800 bajas entre muertos y heridos, de un total de 3000 hombres., pero casi todos ellos fueron alcanzados por los proyectiles redondos en las baterías. A medida que los caídos eran reemplazados rápidamente por otros. Creemos por relatos de algunos desertores que el número de bajas fue mayor que el reconocido.

¿Estaba algunos de los cañones que usted clavó, emplazado "en barbette"?[61]

Ninguno, todos estaban en troneras. Con la excepción de una batería, el error estuvo en no haber elevado más la altura del parapeto, lo que dejó a la vista las cabezas y hombros de los defensores y expuestos a los disparos directos, de tal manera que nosotros podíamos ver muy bien la recámara del cañón.

Capitán Key: ¿Sabe usted cuántos cañones empleamos en esos momentos?

Sin contar uno que estaba inutilizado y solo efectuó dos disparos, nosotros (el "Philomel") estábamos haciendo fuego a las baterías con tres cañones, el "Dolphin" disparaba con dos, había uno de a 32 en el "Fanny" y el "Comus" tenía dos, también de a 32 libras. Un barco francés tenía seis, que disparaban proyectiles explosivos, tres por banda y cuando tres resultaron inutilizaos fueron reemplazados por los otros. A la hora, todos ellos también estaban dañados. Esto hace alrededor de 14. Había unos 16 de a 32 entre medios y largos, en los veleros. En los vapores se hallaban uno de 10 pulgadas, dos pesados de a

68 y uno de a 32 libras. Estos fueron los calibres empleados. También había 30 carronadas[62], de a 24 y de a 30 libras en las bordas de otros barcos, (casi inefectiva).

El doctor Niddre, cirujano del "Gorgon"[63], en lo más intenso del combate, iba de barco en barco, en un pequeño bote, colaborando con los cirujanos de aquellos navíos que habían resultado más dañados. Cuando vio que su propio barco había logrado atravesar la barrera, lo siguió en su derrotero, bajo el fuego enemigo y contra una corriente de 4 nudos. Su conducta fue admirada por franceses e ingleses, pero por no haber sido mencionado en los despachos del combate, no le fue otorgada ninguna recompensa, a pesar de los posteriores esfuerzos realizados por Sulivan en su provecho.

Veintidós años más tarde, mi padre estaba contando la historia de la jornada de Obligado, a unos jóvenes médicos en los baños turcos de Blarney. Uno de ellos, más tarde, en mi presencia, se acercó a una señora que visitaba el establecimiento y le dijo: "Hemos estado oyendo la historia de un doctor Niddre. Tiene alguna relación con usted". "¡Mi esposo!", respondió. Ella, posteriormente le dijo a mi padre desengañado por haber sido dejado de lado, en realidad por haber hablado valientemente cuando fue su deber hacerlo, se había retirado a la práctica privada, poco después de la batalla, pero no sobrevivió muchos años a su decepción.

Sulivan, en su folleto "Recompensas Honorarias"[64] mencionó también al capitán Trehouart diciendo: "Su noble conducta fue la admiración de todos y sus maneras cordiales, correctas y afectuosas, con las que se relacionó con sus aliados durante la expedición, estuvieron más allá de todo elogió". Por esa campaña Trehouart fue ascendido al rango de almirante. Es una pena que nuestras reglamentaciones no permitan una promoción igual para servicios navales especiales.

Hotham hizo entrega a Sulivan de la bandera que esté había arriado bajo fuego. En 1883 las autoridades de Buenos Aires devolvieron una bandera británica. La del regimiento n° 71 de Highlanders, que les fuera capturada en 1807 (luego se comprobó que era una de nuestros barcos mercantes).[65] Sulivan, entonces, a través del cónsul argentino en Londres pensó en devolver la bandera. Se verá por la siguiente copia de su misiva al funcionario, que él pensó que el defensor de la batería había sido Rodríguez. Pero luego del fallecimiento de mi padre, el nieto del almirante Brown, escribió reclamando ese honor para su padre. Se podrá ver en estos diarios que el nombre de Brown había sido originalmente mencionado, por lo que hay cierto grado de incertidumbre en este tema.

Bournemouth, 1883

En la batalla de Obligado en el Paraná, el 20 de noviembre de 1845, un oficial al mando de la batería principal, concitó la admiración de aquellos oficiales ingleses que se hallaban más cercanos a él por la manera en que alentaba a sus hombres y los mantenía en sus puestos junto a sus cañones en medio del tremendo fuego cruzado, bajo el cual la batería sufrió especialmente. Por más de 6 horas, el caminó sobre el parapeto, expuesto al fuego enemigo, excepción hecha cuando, ocasionalmente, descendía para apuntar y disparar alguna pieza.

Por prisioneros heridos, provenientes de su regimiento, luego supimos que era el coronel Rodríguez[66], del regimiento de Patricios de Buenos Aires. Cuando todos los artilleros fueron muertos o heridos, él continuo manejando los cañones con algunos hombres de su regimiento, hasta el final de la batalla, perdiendo 500, entre muertos y heridos, de los 800 hombres de su regimiento. Cuando los marino e infantes de marina desembarcaron por la tarde, y ocuparon la batería, él con los remanentes de su regimiento, solos entre todos los demás defensores, mantuvieron su posición, a retaguardia de la batería, a pesar del intenso fuego que desde todos los barcos se abatía sobre el bosque, siendo ellos los últimos defensores en retirarse. La bandera que tan noblemente había defendido fue arriada por uno de mis hombres y entregada a mí por el oficial inglés más antiguo, el capitán Hotham. La enseña al descender, cayó sobre los cuerpos de aquellos que habían caído en su defensa, manchándose con su sangre.

He sabido recientemente por un comunicado que una familia argentina que se hallaba en posesión de una bandera regimental inglesa de 1807 la ha devuelto al regimiento al que pertenecía por un miembro de esa familia. Yo estoy deseoso de seguir este ejemplo, devolviendo al coronel Rodríguez, si aún vive, o si no al regimiento de Patricios, si aún existe, la bandera por la que cayeron noblemente, muchos de los hombres de su regimiento en defensa de su país. Si el coronel Rodríguez eta muerto y el regimiento no existiese, le pediré a cualquier miembro de la familia del coronel, el aceptarla como recuerdo suyo y de su valiente comportamiento, del de sus oficiales y tropas en Obligado. Aquellos que nos enfrentamos a él y que hemos sido testigos de su valor y devoción estamos muy contentos de saber que él salió indemne al final del combate.

B. J. Sulivan, Almirante

El ascenso por el Paraná

1845-1846

Abriendo el interior del país - Arduo ascenso del Paraná-
Política Paraguaya - El convoy bajo fuego – Corrientes -
Difícil navegación - Un movimiento ingenioso – Hogar -
Disciplina - Sin medalla - Recompensas Honorificas -
Brigada de Voluntarios del Royal Dockyard.

Después de Obligado, los hombres habían destruido y
quemado en la playa todo aquello que era inútil para ellos.
Sulivan con una fuerza de 80 hombres exploró los bosques
y casas aledañas, intercambiando algunos disparos con una
partida de caballería.[67]

El capitán Hope marchó con tres balleneras a atacar
una goleta, la "Chacabuco", enviando a un teniente en
procura de más hombres y botes, los que deberían subir por
otro canal para así evitar la fuga del barco enemigo.[68] El
comandante francés, convencido de las dificultades que
presentaba la misión, conociendo que el "Chacabuco"
montaba 3 cañones giratorios de a 24, con una tripulación
de 80 hombres, y que uno de los barcos que lo acompañaba
estaba armado con otras dos piezas de artillería, se rehusó a
facilitar sus botes.

Hope contaba con solo tres de ese tipo de
embarcaciones y 40 hombres para realizar su tarea, con el
agregado que debería navegar contra la corriente. Por lo
tanto si fracasaba en su ataque, le sería imposible retirarse.

Sulivan era de la opinión que su amigo Hope estaba
equivocado en ir al ataque con una fuerza tan exigua,
mientras que si esperaba, uno o dos días, podría contar con
otros botes y el apoyo del "Fanny". El escribió acerca de
esta decisión "Puede haber ocasiones en que, para salvar un
ejército, o un barco o el prevenir una derrota, sea correcto
el arriesgar cierto número de vidas a pesar de tener

probabilidades en contra." Pero él pensaba que este no era el caso. Ansioso frente a los riesgos de la operación, Hotham decidió el envío del "Firebrand" y dos botes del "Philomel" bajo el mando de Richards, ordenando que Sulivan tomara el mando en caso de fracasar Hope. Afortunadamente, este último, habiendo oído que la tripulación de la goleta ascendía a 200 hombres, desistió del ataque. El incidente junto con las siguientes consideraciones, bien se pueden recordar por la lección que encierran.

Hubiese sido un terrible suceso el tener 3 botes destruidos y numerosos hombres, con el pobre Hope, perdidos cuando no era necesario que ocurriese tal cosa. Mi mente está preparada para no preocuparme por lo que otras personas puedan decir o pensar, pero si soy enviado a una misión y tengo motivos para pensar que por la posición, la fuerza u otras causas, las bajas pueden llegar a superar la importancia del objetivo, yo no la llevaré a cabo, y no creo que ningún hombre con la prudencia necesaria y la capacidad para razonar lo haga.

Yo espero que mañana la brisa me permita continuar, por que el "Philomel" puede llegar hasta los barcos enemigos, si el "Firebrand" no puede, y entonces podremos llevar al enemigo a lo que yo más deseo, esto es que destruyan ellos sus propios barcos y huyan a tierra, evitándose así el derramamiento de sangre. Nuestro objetivo se alcanzaría entonces sin necesidad de arriesgarnos tanto nosotros u otros. Yo nunca agarro un toro de las Falklands por los cuernos, pero si por su cola, porque así cumplo con mi propósito con menos riesgo para mí, y esto pienso yo, debe ser el objetivo en este tipo de situaciones. Estamos viviendo de carne salada, mientras miles de cabezas de ganado, de todos los tipos nos miran desde la orilla. Doyle estaba mejorando tanto que se resolvió amputarle el brazo. Lo soportó magníficamente.

El 3 de diciembre ellos estaban cerca de Rosario, donde esperaban hallar resistencia.[69]

El lugarteniente Mackinnon, en su libro[70] hace referencia al poder curativo del aire del Paraná, a pesar del calor. El "Firebrand" daba caza al "Chacabuco" y a otras dos embarcaciones, que el enemigo intentaba salvar remolcándolas aguas arriba, a caballo desde la orilla. Estando próximo a darles alcance, luego de larga persecución, este vapor encalló. El enemigo desconociendo esta situación y ante la cercanía de nuestra fuerza realizó la voladura del "Chacabuco".

Estos barcos se han marchado, el "Comus" regresó a Obligado, el "Dolphin" y el "Fanny" lo hicieron a Montevideo, en busca de botes y para dar protección al convoy de barcos mercantes, mientras el resto fueron río arriba, lo más rápido posible. Cuando subimos un poco más, el jefe francés se traslado al vapor, mientras el "San Martín" permanecía en el río.[71] Un poco más arriba, en Punta Gorda, el "Firebrand" nos dejó, tomando a su cargo mantener la libre navegación, inspeccionado barcos y diferentes lugares, para mantener el río abierto. Hotham probablemente llevará el "Gorgon" o el "Philomel" a Corrientes y a Asunción, en el Paraguay, donde ningún barco de guerra ha estado nunca. En verdad este será el viaje más interesante jamás realizado. El pueblo paraguayo ha permanecido aislado, sin relacionarse con el resto del mundo, por años por la tiranía el doctor Francia, y desde su muerte, Rosas, ha mantenido el río cerrado. Por lo tanto solo para algunas pocas personas que habían entrado en él, y que fueron mantenidos, por años, en calidad de prisioneros por Francia, es, realmente, un país nuevo. Nuestro único intento de abrir relaciones diplomáticas falló por las tonterías de la persona enviada con ese fin. Ahora, si somos capaces de llegar allí con nuestros vapores y darles idea de lo que la apertura de la navegación por el río significara para ellos, nuestra llegada sería un evento importante. Es sorprendente que esta oportunidad me llegara precisamente a mí. Usted recordará que antes de dejar Inglaterra rumbo a Montevideo, solicité permiso de llevar al "Philomel" aguas arriba, siendo informado, en esa oportunidad, que ello interferiría demasiado en las políticas internas de esos estados. Muchas veces, desde entonces, yo había dicho que lo único que me hará a mí servir de nuevo sería el comandar un barco hasta el Paraguay, a donde nunca se había enviado una misión. Pero no he finalizado aún con el relato de nuestros planes. Es muy posible que si el "Gorgon" llega hasta Asunción, el "Philomel" permanezca anclado en el río. Pero yo iré con Hotham en el "Gorgon", por lo que el plano de río, observaciones, etc. se continuaran realizando durante todo el trayecto aguas arriba. Si algo impidiese la navegación del "Gorgon", Hotham y yo podríamos ir en una gabarra, pero yo espero que el "Gorgon" pueda subir, porque es un navío tan grande que su llegada producirá un gran efecto en aquellos que nunca han visto una nave más grande que pequeños veleros costeros.

Cuando los enviados paraguayos se hallaban en Buenos Aires, pudieron ver en esa oportunidad al "Pearl", quedando asombrados y dijeron ¿Por qué no envían al señor Gordon (el enviado británico) en un barco como ese, en lugar de enviarlo por tierra en un carro? y expresaron, a continuación sus deseos que esa nave pudiese ser vista en Asunción, ¿Qué dirán entonces si viesen al "Gorgón" allí? Sería algo muy interesante. Nosotros estaríamos a una distancia de más de 2000 kilómetros del mar, en uno de los más esplendidos países en el mundo, donde la mayor población de un país sudamericano ha permanecida encerrada, sin comunicación con el resto de la humanidad y con quienes (si podemos establecer relaciones comerciales) podrá abrirse un mercado que materialmente tentará a nuestros productores de manufacturas y a través de ellos a nuestra gente. De hecho compensaría cualquier pérdida comercial que pudiésemos tener si los brasileros no aceptaran nuestros productos, porque en ese caso todo el Brasil podría ser abastecido a través del Paraguay y Corrientes, donde las fronteras son tan extensas que los brasileros hallaran imposible evitar el contrabando.

4 de diciembre

Estoy agradecido de poder decir que, en lugar de hallar resistencia, en Rosario, encontramos a todos sus habitantes, hombres, mujeres y niños, así como muchos soldados, fuera de sus casas, en la barranca, para ver la (para ellos) maravillosa vista del escuadrón. De boca de personas que se hallaban en Rosario desde la batalla de Obligado hemos escuchado algunos comentarios sobre el combate. Ellos tuvieron 400 hombres muertos (yo supongo que esta cifra incluye los heridos). Pero lo más importante es que las tropas se aprovecharon de la derrota sufrida para desertar. Habiendo estado por años lejos de sus casas, obligados aprestar servicio y originarios de lejanas provincias interiores como Córdoba, Tucumán etc., ellos vieron con agrado la oportunidad de alejarse. De los 2.500 a 3.000 hombres que Mancilla tenía el día del combate, solo ha podido reunir 400, por lo tanto restando los heridos y muertos deben haber desertado unos 2000. Se alejaron en grandes grupos hacia sus casas, de hecho todo aquel que vivía en una de las lejanas provincias se alejó. Todo esto tendrá un gran efecto moral y si es cierto como oímos que Prudencio Rosas, (el hermano de Rosas), quién había sido enviado contra los "rebeldes", en Santa Fe, se ha unido a ellos contra él, por problemas entre ellos.[72]

Por lo que hemos oído, no parece que vayamos a encontrar más resistencia a lo largo del río. También supimos que ellos sabían de nuestros planes, a través de Montevideo y que estaban bien preparados para nuestro desembarco y que cuando lo hicimos ellos tenían todavía dos cuerpos de tropa formados, en la retaguardia, por fuera del alcance de nuestras armas. Cuando estábamos llegando a tierra hicieron avanzar una de esas fuerzas, mientras acudían al otro para también hacerlo entrar en acción, pero mientras el procuraba esto, los primeros se desviaron dispersándose. De todas las tropas solo se mantuvieron los hombres que guarnecían las baterías. Ellos eran aproximadamente 250. Si se hubieran mantenido luchando esas tropas nos habrían causado un mayor número de bajas, porque en el ataque que realicé sobre la batería mi fuerza no era mayor a los 55 hombres. Ellos podrían habernos superado en número fácilmente y habernos hecho retroceder, mientras ascendíamos la cuesta hacia nuestro objetivo, si hubiesen salido del bosque y cargado contra nosotros. Nuestros hombres, obligados a tener que ascender, llegaron en diferentes grupos, no como una fuerza organizada, mientras los infantes de marina avanzaban detrás nuestro. Pero supongo yo que entraron en pánico al ver el avance nuestro sobre los cañones y deben haber pensado que éramos mucho más numerosos.

En una carta escrita a borde de la goleta "Obligado", en Esquina, Corrientes (el 21 de diciembre de 1845) B. J. Sulivan describe el ascenso por el Paraná, con los barcos luchando contra una corriente de 4 nudos y una brisa en contra bajo una temperatura en la cabina de más de 31° C. Se progresaban 18 Km. por día, algunas veces a 2 km. en 4 horas y otras veces menos, por tener que ser arrastrado el navío a lo largo de los bancos. Como muchos de los tripulantes presentaban signos de escorbuto, todos estaban ansiosos por arribar a Esquina, el punto más lejano ocupado por las tropas correntinas y el primer lugar donde se podría obtener carne fresca.

Al atravesar un banco de arena, Sulivan cayó en la corriente de agua, logrando evitar ser arrastrado aferrándose de una rama. Uno de los tripulantes cayó por la borda al intentar ayudarlo y exclamando que no sabía nadar lo tomó de un brazo. Afortunadamente la rama resistió el peso de ambos, hasta que se les pudo prestar ayuda. Los barcos pronto sobrepasaron al "Fulton" que había encallado y avanzaron hacia Goya. Hotham y Trehouart marcharon a caballo hacia Villa Nueva, donde se hallaba el cuartel del general Paz. Tres botes correntinos, artillados se hicieron presentes ante la escuadra que ascendía.

Es verdaderamente una satisfacción el estar llevando la primera bandera británica, el primer barco de guerra de cualquier nación que haya ascendido por el río. Los mosquitos son un problema... tratando de determinar la latitud por las estrellas con la cabeza y el cuello negro por los mosquitos, mientras sostengo en mi mano el sextante, que tenía que bajar reiteradamente para espantarlos.

El vapor francés los remolcó, pero los barcos tocaban reiteradamente el lecho del río. Arribaron a Goya, la segunda población en importancia, pero no habiendo calado suficiente para los navíos, tuvieron que continuar unos 15 km, arriba de esa ciudad, donde hallaron un campamento de tropas paraguayas.

Sucesos importantes han ocurrido últimamente, afectando la política de estos países. El gobierno del Paraguay, habiendo fracasado totalmente en lograr que el gobierno de Rosas reconociese su independencia y admitiera la libre navegación del río, había hecho un tratado con los correntinos.[73] En él se comprometían a asistirlos en su guerra contra Rosas, con todos sus medios y ofrecieron tantos hombres como fuese necesario. La vanguardia de ese ejército, 2.500 hombres, llegó dos días antes que nosotros y los barcos trayendo una segunda división son esperados diariamente. Estamos ahora anclados a unos 45 m. de sus tiendas de campaña y es un hecho interesante considerar que por 30 años, el doctor Francia, el dictador, no solo cerró el Paraguay, sino que además por el terror cerró las mentes e ideas de sus habitantes y que hasta su muerte, acaecida hace 4 años, nadie se atrevía a expresar sus pensamientos sobre los asuntos públicos. Es muy interesante el observar cuales pueden haber sido los efectos de haber crecido en tal sistema, en el carácter de la gente... Paz lleva todas sus tropas correntinas contra Rosas, contando con 6.000 hombres para avanzar. Lawrence dice que son las mejores tropas que ha visto en estos países, algunos tan aptos como para ser comparadas con las inglesas. El día de nuestro arribo Hotham y Lawrence, junto con el capitán francés, han regresado de cuartel general del ejército y se quedaron en Goya, que está a unos 13 km. El documento de la declaración de guerra del gobierno paraguayo está muy bien y sensiblemente escrito. Expone al mundo como ellos han tratado por años de obtener el reconocimiento de su independencia y la libre navegación de su río, única vía que tienen para comerciar con el exterior. Todo lo que han pudieron obtener de Rosas, fue el no reconocimiento de su independencia y una declaración que refería que la provincia del Paraguay era uno de los estados de Buenos Aires[74], cosa está que nunca había sido, siendo independiente desde el primer año de ocurrida la revolución que dio fin a la dominación española.

Habiendo detallado las negociaciones efectuadas y la negativa de Rosas a reconocer su independencia e impedir su comercio exterior, el manifiesto paraguayo continuaba explicando que si Rosas conquistaba la Banda Oriental, el estaría en condiciones de disponer de todas sus tropas para atacar Corrientes. Esta provincia, a pesar de haberse mantenido opuesta a su gobierno durante muchos años, se podría ver entonces superada, en cuyo caso, los paraguayos se sentían seguros que las tropas rosistas invadirían su país, para obligarlos por la fuerza a ser parte de la confederación de Buenos Aires. Por lo tanto era mejor prestar ayuda a Corrientes, que era la avanzada del Paraguay, que arriesgarse a ser conquistados y sufrir los horrores de la guerra en su propio suelo.

El 2 de enero las autoridades de Goya brindaron un gran baile en honor a nuestra visita y como el termómetro estaba por arriba de los 38° C improvisaron un hermoso lugar bajo un toldo.

Nuevamente escribe Sulivan el 15 de enero, relatando una larga semana de duro trabajo piloteando el "Gorgon", con el "Philomel" y el "Fanny" a remolque, Paraná arriba. Trabajo duro realmente fue para él y el capitán del "Gorgon", teniendo como menor dificultad la de marchar por delante de los barcos, en un bote, bajo el sol ardiente, desde las 4 hasta las 19 y 30 horas.

En un lugar, luego de permanecer 3 horas en un bote, él condujo al "Gorgon" sobre bancos con solo 30 cm. de agua bajo su quilla. Estaban ansiosos en subir rápidamente, porque muchos hombres en el "Gorgon", ninguno en el "Philomel", habían caído víctimas del escorbuto[75], habiendo fallecido uno de los tripulantes. Ellos no tenían jugo de lima y habían estado tres meses alimentándose solo de alimentos conservados en sal. Providencialmente Sulivan vio dos vacas nadando en el río, las que logro cazar, y que les dieron tres días de carne fresca a todos. El capitán Hotham decidió entonces dejar el "Gorgon" e ir en la goleta con Sulivan, lo más rápido posible, debiendo este último ir reconociendo el curso río arriba. El teniente Richards, tomando el comando del "Philomel", debía ir a Esquina, a unos 74 km., para procurar obtener la muy necesaria carne fresca para el "Gorgon", etc.

Durante la ausencia de Sulivan, el teniente Richards continuó con el relevamiento del río y el pilotaje del "Philomel". Sulivan, en la goleta, arribó a Corrientes el 20 de enero, mientras Hotham había ido en el vapor francés hasta la capital paraguaya: Asunción.

Llegaron noticias que Paz se estaba retirando ante el ejército de Urquiza. Rosas había enviado un gran ejército y parecía decidido a dar batalla, con el fin de obtener hacerse con los productos comerciales acumulados para su comercialización antes del arribo del convoy. Si él tenía éxito, alteraría la política de nuestros ministros y haría totalmente inútil la victoria de Obligado. Esto nunca había sido previsto por nuestras autoridades. Numerosos comerciantes habían estado calculando las riquezas que obtendrían con la expedición, pero sus mercaderías no podrían ser desembarcadas si se temía que Rosas triunfara. Sus fuerzas se habían aproximado tanto a Goya que la ciudad había sido abandonada. Sulivan temía, como ocurrió, que Rosas pudiese ocupar las barrancas del río e interceptar el convoy en su viaje aguas arriba.[76] Él esperaba ansioso que Hotham regresara, porque la "flota combinada carecía de órdenes para atacar al ejército rosista".

Corrientes, 24 de enero de 1846.

Es realmente triste el ver, aún aquí, las pobres familias hablando de embarcarse. Numerosos grupos de mujeres (los hombres se hallan en el ejército) que no tenían ninguna protección o quien las asistiese, sabiendo todos que destino sufrirían si la ciudad caía. Había en la ciudad cerca de 10.000 habitantes, la mayoría de los cuales son mujeres y niños, pero aún si se hallasen en ella todos los hombres (6.000), que ahora estaban en el ejército, la destrucción causada por la guerra civil ha sido tan grande que en las provincias hay un promedio de 6 mujeres por cada hombre.

El "Gorgon" había sido dejado 550 km. por debajo de Corrientes, con niveles de agua apenas suficientes para él y a una distancia de 370 km. el escuadrón en Santa Fe. Más allá de este barco, en Corrientes, los capitanes Hotham y Trehouart tenían solo un pequeño vapor francés, un bergantín y una goleta.

En medio de esta crisis llegaron noticias de la invasión de la provincia por parte del ejército de Rosas y la derrota del ejército amigo nuestro y que el enemigo estaba marchando sobre Corrientes, habiendo ya alcanzado un lugar en el río a unos 300 Km. por arriba de donde había quedado el "Gorgon", entre las islas.[77] El capitán Hotham estaba muy ansioso porque no era posible dejar Corrientes indefensa y también era importante lograr hacer descender al "Gorgon", lo antes posible, y traer río arriba los pequeños vapores que se esperaban llegarían desde Inglaterra. Sulivan se apercibió que a menos que el descendiera por el río, el "Gorgon" no podría ser movido, y ninguna nave más podría ascender por el río, hasta que el convoy, todo formado por veleros, avanzara río arriba. Él se ofreció entonces para ir en un pequeño bote, junto con dos muchachos, navegando todo lo posible entre las islas, confiando en no ser visto en aquellos sitios donde se vería obligado a atravesar el mayor banco del río. El capitán Hotham rehusó autorizar el plan, pensando en el gran riesgo que representaba, pero finalmente autorizó a Sulivan a llevarlo a cabo.

Sulivan relata su riesgosa expedición:

Corrientes, 28 de febrero de 1846

Hotham regresó del Paraguay el 28 de enero, decidido a permanecer aquí hasta que se conociese el resultado de la invasión, a la vez que quería que el "Gorgon" fuese conducido río abajo. Teniendo solo a la goleta, y con escasa tripulación, no estaba en condiciones de distraer el número de sus hombres para enviarlos en el proyectado viaje. Yo me ofrecí a ir en el bote del "Philomel" con mi mayordomo de a bordo y un muchacho Él se mostró muy complacido. Son más de 550 km. de aquí al "Gorgón", pero pude utilizar un pequeño barco que viajaba a Goya, ahorrándome la mitad del viaje en el bote. De Goya al "Gorgon" había una distancia de de 280 km. y nos llevó dos días con sus noches, ahora en el bote, Usted se habría sorprendido si hubiese podido ver nuestra partida. Yo tenía en él toda mi ropa, instrumentos, cronómetros, pieles de tigres, etc. Horn y Worthing componían la tripulación. De noche, no nos podíamos aventurar a bajar a tierra por temor a los tigres, y lo que era peor, a los mosquitos, pero teníamos con nosotros carne salada y bizcochos como provisiones. Nunca estuve tan cansado de nada, como lo estuve de estar sentado tanto tiempo en un bote sin moverme. Solo echamos el ancla una vez, para dormir algunas pocas horas.

Al día siguiente de haber abordado el "Gorgon", comenzamos a descender por el río. Fue el más preocupante trabajo que yo haya realizado, causado por la existencia de muy estrechos canales sembrados de numerosos bancos de arena, un corriente de 3 a 4 nudos rumbo abajo y un pesado barco al que le tomaba varios minutos, algunas veces, para responder a su timón. Algunos de los bancos, tenían 30 cm. de agua, a veces menos, por arriba de ellos, pero logramos pasar sobre ellos bien y yo comencé a pensar que no tendríamos contratiempos. Pero, al navegar por un estrecho canal, en una bahía cercana a las altas barrancas de la costa, el navío no respondió al timón y embicó en la orilla con la fuerza del vapor sumada a la de la corriente, a solo 15 m. de las barrancas de la costa enemiga,, una "hermosa" posición si ellos hubiesen intentado molestarnos. Podrá usted imaginar los momentos de ansiedad que sufrí durante los dos largos días que nos llevó poder salir de allí. El río descendió unas horas más tarde de haber varado, y si hubiese seguido descendiendo, el "Gorgon" hubiese tenido que permanecer allí hasta el próximo año. Pero al día siguiente, el nivel de las aguas subió nuevamente y llegaron el "Dolphin" y el "Fanny", custodiando el convoy, y con su asistencia y la utilización de tres anclas de proa pudimos salir. Una vez hecho esto tome a mi cargo esos dos barcos porque yo sabía que Hope, que comandaba en el río en ausencia Hotham, y que debería haber estado en la Bajada para apostar las naves no vendría hacia nosotros, por haberse emplazado baterías enemigas más debajo de donde él deseaba pasar, por lo tanto yo debí apostar los barcos. Rosas había reunido toda las fuerzas que había logrado recuperar, para atacar el convoy que ascendía. Comprendiendo ahora que la presencia de baterías fijas eran inútiles, estando nosotros seguros de ocuparlas, el adoptó un plan más inteligente: emplear artillería móvil, y tenía cerca de 12 piezas de artillería pesada y cerca de 2.000 hombres, en las barrancas de San Lorenzo. Estas se extienden a lo largo de 7 km. y tienen una altura de 24 m., teniendo los barcos que navegar a lo largo de la costa a unos 200m. de las barrancas Siendo el terreno por detrás de ella, del mismo nivel, solo pueden verse, desde la superficie de las aguas los bordes de los acantilados, por lo tanto los hombres y cañones desplegados en ellas están a salvo de del fuego que pueden efectuar los barcos, a menos que se asomen sobre el borde.

El convoy tenía 60 barcos. El "Dolphin" lideraba la primera división del convoy, Key en el "Fanny" la siguiente, mientras Hope navegaba atrás cubriéndolos (con la ayuda de una ligera brisa ellos navegaban a una velocidad 1 o 2 nudos más que la de la corriente). Los cañones enemigos eran trasportados por tierra con caballos, solo mostrando sus bocas, por arriba del borde cuando disparaban, retirándose unos metros para recargar y reaparecer en otro sitio.[78] De esta manera bombardearon el convoy durante 3 horas, alcanzando cada barco numerosas veces.

Un bergantín mercante tuvo 36 impactos y el "Firebrand" 22, cuatro a través de su chimenea. A pesar de todo esto, providencialmente, nadie, en los 60 navíos resulto muerto y solo dos de los tripulantes, de este último navío, fueron heridos. Hope salvó su vida por poco, su asiento en cubierta fue destruido por un impacto que instantes antes ocupaba y la cuerda que tenía en su mano fue cortada por el mismo proyectil. Tan bien empleó el enemigo sus cañones que fue prácticamente imposible alcanzar sus piezas con nuestros disparos, dado que solo mostraban las bocas de sus armas al disparar, ocultándose rápidamente, para luego retirarse a otro lugar., por lo que antes de poder apuntar uno de nuestros cañones, ellos desaparecían. Si los barcos disparaban muy bajo, los proyectiles se enterraban en las barrancas, y si lo hacían 30 cm. por arriba del borde, sobrevolaban inofensivos a los defensores, internándose tierra adentro. A pesar que el "Dolphin" y el "Fanny" efectuaron más de 50 disparos de cañón, como así también la corbeta francesa "Coquette", ellos no creen haber ocasionado el menor daño a los adversarios. Al final de la barranca, el curso del río giraba a la derecha, y todos los barcos estaban obligados a ofrecer sus popas a las barrancas, todos ellos habrían padecido mucho, si no fuese porque había una pequeña elevación sobre los acantilados, que había impedido al enemigo emplazar un cañón, sin que quedara expuesto a nuestro fuego. Levigne se mantuvo cerca de ese sitio, en el "Dolphin" y abrió fuego con dos cañones sobre ellos y uno de sus proyectiles o bien hizo blanco en una de las piezas o pasó tan cerca de los artilleros que retiraron sus cañones y no trataron de traer otros, lo que salvó a los barcos del terrible fuego que habrían recibido. El enemigo disparaba magníficamente y manejaba sus piezas con la misma habilidad que la mejor artillería del mundo. Si Rosas adopta esta manera de combatir puede crearnos un gran problema, pero le es costoso en pólvora y proyectiles y el teme alejar su artillería de Buenos Aires, por temor al alzamiento de Orivinus (sic), por lo que esto fue hecho solamente por la presencia del convoy para atacarlo. Rosas estaba amargado por la presencia de barcos de todas las naciones, que se atrevían, bajo nuestra protección a forzar la vía de agua para realizar el comercio que él siempre había prohibido. El ha declarado a los tripulantes de esos barcos, excepto a los ingleses y franceses, que son solo enemigos, como piratas y dando orden a sus autoridades a tratarlos como tales. Hay muchos barcos americanos[79] entre ellos. Tom Hamilton se halla en uno de ellos y el no desea volver a pasar por ello, los dos jóvenes Lafones viajan en otros y así también muchos amateurs que nunca esperaron ser los blancos de tantos disparos. Uno de los italianos, se enterró hasta el cuello en la carga de sal que trasportaba, un disparo casi le arrancó la cabeza, y ha quedado tan encurtido que ha permanecido enfermo desde entonces! Un poco más abajo, en Tonelero, ellos tenían emplazadas 4 piezas de artillería y realizaron un gran número de disparos. Uno de ellos le amputó una pierna a un guardiamarina francés, pero evoluciona bien.

Siendo ese el único daño sufrido.[80] *Habiendo llegado al lanito (sic) dejé al "Gorgon" allí y llevé al "Dolphin" junto al "Philomel" en la Bajada*[81]*, y usted podrá imaginarse nuestra alegría, cuando a la mañana siguiente, arribó, directamente de Inglaterra el "Alecto" trayendo el correo.*[82] *Nuestra alegría se vio opacada al conocer que el pobre Doyle y Chartres habían fallecido. El primero casi se había recobrado, cuando por un error o del cirujano o del farmacéutico, le fueron administrados 5 gramos de morfina, en una sola toma, cantidad suficiente para matar 3 hombres. La cantidad lo hizo vomitarlos, pero la movilización hizo que se reabriera una arteria de su muñón, obligándolo a pasar por el dolor de una nueva operación, como consecuencia el no pudo soportarla y 3 semanas más tarde falleció. También oímos que los dos jóvenes oficiales del capitán Trehouart, han muerto por causa de sus heridas. Uno de ellos por haberse retrasado la amputación de su pierna, mientras todas las amputaciones, hechas a consecuencia de la batalla, se han recuperado. Nos entristeció el oír que Martin, luego de haber organizado una fuerza, tras 3 meses de problemas, había logrado ocupar Maldonado. Flores, a pesar de órdenes en contrario, con las tropas de Montevideo realizó una salida de la ciudad, pero fue rodeado y derrotado por los enemigos, perdiendo unos 200 hombres. Esto obligó a Martin a abandonar Maldonado y reembarcar.*

Yo por mi parte ni llegué a tener tiempo de leer mi correspondencia, antes de partir, en el "Alecto" rumbo a

Corrientes. No esperamos ni una hora. Se le había ordenado esperar a Hotham, que venía río abajo, pero conociendo sus ideas y deseos yo pensé en llevarlo hasta Corrientes. Yo tuve que viajar en él porque su piloto no podía hacerse cargo de él luego de la Bajada, porque había escasa agua para el calado del barco, en los canales situados más arriba.

Nosotros llegamos a Corrientes en el "Alecto", habiendo tocado fondo solo una vez en más de 700 Km., percance que nos detuvo 2 días. Yo envié al teniente Mackinnon por tierra con el correo. Él cabalgó los 150 Km. entre la tarde de un día y la mañana del siguiente. Los vecinos de Corrientes estaban encantados con la llegada del vapor inglés y se reunieron en masa a bordo, cientos de mujeres, yendo y viniendo, apresuradamente. Algunas veces la sala de máquinas estaba tan abarrotada con ellas que era imposible moverse. Yo estoy feliz en decir que pronto todos bajaremos el río, ya que Urquiza ha salido de la provincia y no hay ahora temor que la provincia sea conquistada. Pero yo tengo que darle más detalles sobre la invasión. Paz se retiró ante las tropas de Urquiza hasta que estuvo en el otro extremo de la provincia. Desafortunadamente la temeridad del Madanager[83], que comandaba la retaguardia de de Paz, se vio rodeado y sus tropas se dispersaron, cayendo prisionero el mismo Madanager. Este desafortunado suceso perjudicó mucho nuestra causa y acabó con la confianza del ejército. Además que entre ellos mismos habían dado comienzo las intrigas y disputas que preocuparon a Paz y sin duda, impidieron su éxito. Aún así el pudo hostigar tanto al ejército enemigo que finalmente pudo desplegar su ejército, ofreciendo batalla. Urquiza tuvo miedo de atacarlo y retrocedió nuevamente, seguido por las fuerzas de Paz, con temor cada una de los dos adversarios de presentar batalla. Ahora Urquiza está fuera de la provincia y Paz otra vez ha establecido su cuartel en la frontera. Ambas fuerzas están agotadas por las marchas del último mes (es decir sus caballos están exhaustos) que no es posible que alguno de ellos reasuma la ofensiva. Ellos, durante los siguientes seis meses, se prepararan para la próxima campaña. Yo temo que, como hay tantas intrigas y celos entre los correntinos, que no podemos depender de ellos ni por un instante. Yo veo más grande que nunca la necesidad de concentrarnos nosotros en mantener la independencia de la Banda Oriental y no mezclarnos en las guerras civiles de las provincias de Buenos Aires. Si lo hacemos hay gran riesgo que Rosas nos derrote, porque en la costa tenemos que depender de las gentes de estas provincias parece imposible que puedan vencer el poderío de Rosas, aún si se uniesen contra él. Pero no lo están. Cada una de las familias con liderazgo esperan cosechar los mayores beneficios si tuviesen éxito, cada una está celosa de la otra, y esto frustra sus planes y los hace aliados peligrosos.[84]

H.M.S "Alecto", Goya 4 de marzo de 1846

    Nosotros dejamos Corrientes el día 2, en el "Alecto", con el "Fanny" y el "Obligado" trincados a nuestro lado, mientras el vapor francés nos seguía. Este era un trabajo agotador para mí, ya que yo solo pensaba en hallar los canales y pasos seguros para el "Alecto" que tenía un calado de 3,80 m., o cuando más de 3,90 m. y el "Fulton" que recién cargado de carbón y provisiones llegaba 4,20 m. A pesar de ello descendimos 185 Km. sin tocar fondo el primer día. Ayer por la mañana pasamos por el sitio más difícil. El "Fulton", que nos seguía, encalló en la costa. Apenas pasamos, yo regresé hasta él y logré liberarlo, pero arrastrándolo sobre el fondo. Arribamos aquí el día de ayer y permaneceremos aquí hasta mañana. Yo tendré un día de descanso y ya puede usted imaginar cuanto lo valoro. El día de ayer fue el más caluroso que recuerdo, y el estar desde el amanecer el obscurecer en un bote o en cubierta es una dura prueba. A pesar de todo me encuentro magníficamente bien, considerando el trabajo. No he dejado de trabajar un solo día. Hoy he tenido dolor de cabeza, afortunadamente es en el día que permanecemos anclados. Lo que tiende a agotarme es el estado de tensión constante de mi mente ante la ansiedad producida por el temor a encallar, particularmente ahora que estamos descendiendo y que la rápida corriente podría impedir que uno pueda detenerse si equivoca el rumbo y cuando aún el ir haciendo sondajes de la profundidad no es útil, pues antes de que el barco pudiese ser detenido, sería arrastrado a tierra. Yo tratare de explicarle el tipo de navegación que realizamos. Una multitud de islas, a veces dejando entre ellas un canal de 1,5 km. de ancho y entre otras de 240 m., en todas partes bancos de arena, extendiéndose desde las islas, dejando un estrecho cana, ondulante como una serpiente. Estos bancos se hallan cubiertos por el agua, imposibles de ver, y uno no puede hacer más que confiar en sus propios ojos y retener en que lugares e puede cruzar de una a otra orilla. En los 1280 km. que hemos recorrido Paraná arriba hay por lo menos 800 recodos en el canal y todas las islas son muy parecidas, muy bajas y de frondosa vegetación. Esto le dará una idea de la ansiedad constante proveniente de no saber si uno navegara por el lugar correcto una 50 o 100 veces por día. Yo no podre continuar con esta tarea mucho más, pero los pilotos no pueden, o no quieren, hacerse cargo de los grandes barcos, y ellos realmente no conocen los canales más profundos. Por mi parte, yo ahora tengo 2 o 3 oficiales junto a mí en el timón, en calidad de aprendices. Pero el piloto no llevará este barco río arriba, y yo me he ofrecido, si fuese a subir nuevamente, a llevarlo aguas arriba y abajo una vez más, hasta que los pilotos digan que conocen el canal y que luego de ese viaje ellos los llevaran río arriba. Yo espero que los oficiales, para ese entonces, sean también capaces de hacerlo. En todo caso yo pienso dejar este trabajo luego de eso y espero que salgamos del río. Ellos no podrán retener al "Philomel" en el río mucho más tiempo, el otro día pude ver daños en su quilla, sobre todo en su parte anterior los cables se enredan en ella.

H.M.S."Alecto", Cerrito. 9 de marzo de 1846

Dimos alcance al "Gorgón", anoche sin novedad, habiendo atravesado los pasos peligrosos sin tocar fondo, con el "Fulton" tras nuestro. Esto ha sido un gran alivio para mí. Los últimos tres días han sido muy calurosos y yo difícilmente pude soportarlo, tan tenso estaba.[85] *"Después de ascender más arriba de la ciudad, como para poder virar, a toda máquina, con el "Fanny" a su lado y el "Obligado" atrás, se introdujo en la corriente, con la velocidad de un cohete, una vez más a la vista de sus amigos, ahora por última vez. La súbita e inesperada reaparición del "Alecto" los tomó de sorpresa. Como puestos de acuerdo un griterío de regocijo se elevó, prologándose por dos minutos, mientras los sobrepasaba. Como la dificultad en subir por el río ha sido suficientemente explicada, es fácil entender que el peligro aumenta mil veces al descender en una corriente tan rápida. Un veterano marino puede por la práctica constante tener nervios de hierro, pero es impresionante ver varios navíos, navegando cerca uno de otro, impelidos por el poder de una fuerte corriente, casi a la velocidad de un tren. A pesar de no estar de guardia, yo no pude dejar la cubierta, fascinado por la velocidad con que atravesábamos sinuosos y estrechos pasajes. Algunas veces cuando el canal corría cercano a una isla, el torbellino de árboles, que parecían alejarse volando y sus ramas arañando las cajas de las paletas me mareaban. Si hubiésemos tocado fondo a esa velocidad, qué habría sido del "Alecto"? En todo este tiempo la rutina normal del barco era realizada como si nada fuera de lo común ocurriera. Por supuesto que par descender a salvo a esa velocidad se necesitó un buen piloto.)*

Había una sola persona en América del sur que tenía los nervios, el conocimiento y la habilidad para realizarlo. Es natural suponer que debía ser un natural del país, criado en el río y con una larga y activa vida dedicada a conocerlo. Con orgullo puedo decir que no era tal el caso. El piloto era el capitán B. J. Sulivan, que con gran frialdad permaneció guiando a su timonel. La totalidad del río ha sido explorada por el antes mencionado oficial, más conocido en Londres por sus conocimientos, que en la capital de Rosas, Buenos Aires.

En una carta escrita en junio de 1846, dirigida al hidrógrafo Sir F. Beaufort, Sulivan describe por su parte el descenso por el río y su pasaje frente las baterías.

Poco tiempo después de la partida del "Alecto", el "Firebrand" llegó hasta la Bajada, dando cuenta que los enemigos se hallaban emplazando baterías en San Lorenzo y Tonelero, para atacar al convoy durante su descenso. Ellos habían abierto fuego sobre el "Firebrand" durante su viaje río arriba, con piezas de campaña, alcanzándolo en su casco 8 veces y matando uno de los tripulantes.[86]

El 26 de marzo el vapor francés "Gassendi" arribó de Montevideo, si bien él no había sido atacado, si había observado a los enemigos trabajando en las baterías y oído, por boca de desertores, que los cañones estaban viniendo desde Buenos Aires para ser emplazados en ellas, trayendo órdenes del almirante para Hotham para que enviase al "Philomel" río abajo, si podía prescindir de él, porque deseaba hablar conmigo de los ríos y costas de Buenos Aires. Él había enviado anteriormente órdenes similares pero en esa oportunidad Hotham no pudo dejarnos ir, pero habiendo ahora una gran fuerza reunida, no tuvo excusa alguna para retener al "Philomel". Más cuando Hope conocía la parte baja del río mejor que yo, habiendo navegado aguas arriba y abajo en numerosas oportunidades. El "Firebrand" tuvo que remolcar algunos barcos lejos, hasta la Bajada y Hotham decidió que cuando él regresase (yo tuve que ir como piloto) el "Philomel" iría a Montevideo. Fuimos tan lejos como el paso de San Juan (cerca de 160 Km.), que es lo más arriba que naves como el "Firebrand" pueden llegar estando el río alto. Más allá de ese sitio no hay más de 4 o 4,30m. de profundidad sobre los pasos, mientras que por abajo hay 5 o 6 m. haciendo la navegación no tan difícil. En el "Firebrand", en el viaje de retorno, hicimos 129 km. en 6 horas yendo a una velocidad de 10 a 11 nudos más los 3 o 4 de la corriente.

Yo regresé a la Bajada el 31 de marzo y el 2 de abril partí hacia Montevideo.

Esa misma tarde alcanzamos las barrancas de San Lorenzo, yo no pude ver la batería, porque desde el río está escondida por un risco, casi hasta que uno está frente a él, pero como había muchos soldados cerca, algunos haciendo señales, imaginé que podrían tener allí algunos cañones. Como es inútil intentar devolver sus disparos pasando rápidamente, además que para hacer eso, los hombres quedarían expuestos al fuego enemigo, yo pensé en avanzar rápidamente bajo el risco, así ellos no podrían deprimir tanto sus piezas como para alcanzarnos, y envié a todos los hombres bajo cubierta (por temor al fuego de mosquetería), excepto al teniente Richards. Avanzamos entonces alrededor del risco a una velocidad de 3 nudos, y al llegar a la primera tronera de la batería vimos a un hombre, junto a un cañón, con un porta fuego que acercaba al oído de la pieza. Pero aunque pude ver que la boca del arma casi tocaba el suelo, estábamos tan próximos (más o menos a 25 o 30 m.) que el proyectil disparado paso a unos escasos metros por arriba nuestro para caer por fuera de la banda de babor. Ellos habían emplazado tres cañones, por lo que tenían tiempo de recargar una vez mientras pasábamos, por lo que nos hicieron fuego tres veces, cayendo los proyectiles por fuera de nosotros luego de sobrevolarnos, sin hacernos daño alguno, salvo el corte de algunas sogas.

Estábamos a menos de un cable de distancia y de habernos hallado unos metros más adelantados cada disparo enemigo podría habernos alcanzado. Ellos habían levantado montículos al frente y a los lados de las piezas para protegerlas de disparos desde los flancos, En Tonelero han adoptado un mejor plan aún, protegiendo cada cañón entre dos montículos y con una separación entre las piezas de unos 45 m.

Como Tonelero no es están accesible como San Lorenzo yo espero oír que esos cañones estén emplazados allí, cuando el convoy descienda, porque el terreno allí permitiría que fuesen barridos desde los barcos. Encontramos al "Alecto", con tres barcos a remolque. Los periódicos de Buenos Aires dan cuenta que recibió un buen castigo a su paso por San Lorenzo.

Al llegar a Montevideo, encontramos que una revolución acababa de tener lugar entre las filas de nuestros amigos del partido gobernante. Rivera había derrocado al gobierno, con algún derramamiento de sangre.[87] *A raíz de estos sucesos, los ministros deseaban enviar noticias a Londres lo antes posible y el "Lizzard" se hallaba a punto de partir hacia la Bajada con órdenes para el "Firebrand" de regresar a Montevideo para recoger algunos documentos oficiales y llevarlos a casa. Nuestro arribo alteró estos planes, el almirante pensó que nosotros podíamos llegar a partir 10 días antes de lo que podría hacerlo el "Firebrand", por lo que podríamos llegar a casa antes de lo que podría hacerlo él y al mismo tiempo se continuaría contando con él en el río, dado que era el único vapor eficiente en la Estación Naval, lo que hacía desaconsejable no aprovecharlo. Así se decidió que nosotros partiríamos inmediatamente con la correspondencia, y como el señor Turne (nuestro ministro en Montevideo) y el secretario francés estaban listos para partir, zarpamos el 20 de abril de 1846. Estábamos sobrepoblados a bordo, teniendo 55 personas extra, entre prisioneros y heridos. También recogimos un bote, en latitud 6 sur, con la tripulación de la goleta "Adler", hamburguesa, que se había hundido 6 días antes, según el capitán por una vía de agua. Pero sus tripulantes, que habíamos subido a bordo, un día más tarde lo acusaron de haber provocado el naufragio, asegurando que informarían de lo ocurrido ante mí. Él trató de impedirlo, ofreciéndoles dinero, pero al verlos firmes en su propósito, se arrojó por la borda. En esos momentos navegábamos a 8 nudos por hora, se le arrojó un salvavidas, que cayó cerca suyo, pero a pesar de ser un buen nadador se alejó de él y antes que nuestro bote lo alcanzara se había hundido. Es evidente que el saboteó su nave para cobrar el seguro por 1000 pieles que había dicho que estaban en sus bodegas y que eran de su propiedad, cuando en realidad no tenía ni una sola.*

Al arribar el "Philomel" a Falmouth, luego de un viaje más rápido que el que podría haber hecho cualquier paquebote, los tripulantes que vivían en los alrededores les fueron dadas 48 horas de licencia, con órdenes de regresar a bordo puntualmente en Plymouth, donde cobrarán sus salarios. El bergantín al entrar en el puerto de Plymouth por causa de la fuerte marea sobrepaso su sitio de amarre alejándose.

Sulivan se dirigió entonces a sus hombres diciéndoles: "¡Ahora mis hombres pronto todos iremos a tierra, pero será difícil si el bergantín no marcha a tierra también!" Rápidamente lo hizo girar, llevándolo suavemente a una cala cubierta de guijarros en la que suavemente posó su quilla. Una soga fue atada a una boya y toda la tripulación se amontonó a popa. Esto fue suficiente para poner a flote la proa nuevamente, pudiendo ser rápidamente amarrado.

Un oficial de otro barco, que se había hecho presente, les advirtió que todos los pagos se habían suspendido, debido al mal comportamiento de otras tripulaciones al llegar a tierra. Sulivan respondió diciendo que no había recibido ninguna orden al respecto, y estando el "Philomel" bien amarrado, autorizó a sus hombres a ir a tierra en los botes tan rápidamente como pudiesen, pero advirtiéndoles que deberían regresar a bordo para comenzar a trabajar a la hora convenida. Al informar al almirante de su arribo, recibió un mensaje en el que se le ordenaba: "¡Tome usted en cuenta, que no hay licencias, hasta que no se efectúen los pagos". Sulivan respondió que sus hombres ya estaban en tierra!, Recibiendo como respuesta "Entonces no deberán tener otra licencia hasta que todo el trabajo hubiese sido terminado". Luego de muchos esfuerzos y de dar cuenta del buen comportamiento de sus hombres durante el cumplimiento de su misión y de su regresó, luego de 4 años de servicio, sin una sola deserción, algo insólito en la época, finalmente obtuvo el permiso para poner a prueba la obediencia de su tripulación. Todos menos uno de los hombres vecinos de Falmouth regresaron a tiempo. El ausente se había casado en el intervalo, retrasándose algunas horas. En consecuencia, como castigo, al finalizar el trabajo de cada día se lo encadenaba durante la noche, hasta el día siguiente.

Los hombres bajaban a tierra todas las tardes y ninguno falló en regresar a la hora indicada, cada mañana, y sobrios. Muchos oficiales presentes en Davenport dijeron a Sulivan, que durante semanas, ellos habían encontrado diariamente a los hombres, y n del "Philomel" no viendo nunca a alguno de ellos que no estuviese totalmente sobrio y bien vestido. Esto demuestra que la estricta disciplina y el buen trato hacia los hombres no solo afectan su comportamiento bajo la mirada de su comandante, si no también modifican su carácter. Durante meses, en Montevideo, por pedido de los hombres, toda la tripulación desembarcaba los domingos y atendía a los servicios religiosos en la Iglesia Inglesa. Ningún oficial los acompañó nunca, pero se consideraban comprometidos a no visitar casas de venta de bebidas o a ingerir alcohol en esas oportunidades. Por lo que el capitán oyó de parte de algunos de esos hombres, luego de haber recibido sus salarios, tenía razones suficientes para creer que ninguno de ellos faltó a su compromiso.

Al haber regresado cuando lo hizo, Sulivan perdió la oportunidad de haber sido convocado una segunda vez a participar en el retorno del gran convoy desde Corrientes, cuando los 100 barcos que lo componían pasaron por San Lorenzo río abajo. Allí una batería, bien enmascarada, de cohetes a la Congreve comandada por el teniente Mackinnon, del "Arrow", fue emplazada en una isleta frente a las baterías. Ella llevó con su acción al desconcierto a los defensores, en el momento justo que las piezas de artillería provocaron escasos daños a los barcos. Como ya fue relatado el "Philomel", había pasado solo, frente a esas defensas, pero no deseando hacer un informe oficial del suceso, solo se lo mencionó en una carta privada al capitán Hotham.

Las autoridades francesas reconocieron ampliamente los servicios prestados por sus oficiales y tropas en obligado. El capitán Trehouart fue ascendido a almirante (por promoción especial que su reglamentación admitía.) y distintos honores fueron liberalmente otorgados a los oficiales que tan valientemente habían combatido. Aún se pueden ver en París los cañones que les correspondieron y la memoria continua viva, hoy en día en dos de sus barcos de guerra llamados "Obligado" y "Trehouart", y en el Louvre hay una muy buena pintura de la batalla.[88]

Pero no hay registros de un apropiado y merecido reconocimiento de los servicios de nuestra marina en los sucesos del Paraná. Nuestros cañones fueron devueltos "con una apología". Lord Aberdeen declaró públicamente que no teníamos autoridad para obligar a Rosas a abrir la navegabilidad de los ríos.[89] Ninguna medalla fue otorgada por los 8 meses de servicio en el Paraná, ni por ninguna de las acciones llevadas a cabo en conexión con ellas. Los comandantes fueron inmediatamente promovidos y creo yo que también lo fueron 1 o 2 tenientes, pero el resto de ello, así como otros oficiales en otros grados del escalafón fueron pasados por alto. Esto causado, presumiblemente, por la omisión de sus nombres en el informe elevado por Hotham, que fue criticado por su brevedad.

A su regreso a Inglaterra Sulivan impulsó ante el almirantazgo los reclamos de los tenientes que habían servido en las naves participantes y las de los jóvenes oficiales de su barco. El pobre Doyle fue promovido, pero por haber muerto a causa de sus heridas. Sulivan instó a aceptar la solicitud de promoción de Richards como el teniente sobreviviente más antiguo del "Philomel", a la vez que llamó la atención de las autoridades sobre la destacada actuación de Key. Luego de persistentes esfuerzos logró obtener la promoción de varios de sus oficiales, fechados eso ascensos a partir del día de la batalla de Obligado. Esto fue otorgado en la última reunión del Consejo, antes de finalizar las sesiones.

El hecho de no haber recibido ninguna medalla fue muy sentido por los oficiales y tripulantes de la escuadra. Uno de los primeros refirió "Yo tengo dos medallas que estoy avergonzado de usar, dado que yo estuve a más de 140 km. del enemigo, pero si yo consiguiese una por el Paraná, yo estaría orgullo en lucirla".

En 1869 Sulivan elevó una petición, firmada por todos los oficiales sobrevivientes que habían servido en el Paraná, solicitando les fuera otorgada una medalla por las acciones en el río y el combate de Obligado. En la nota se recordaban los hechos principales, los servicios prestados, el desempeño del "San Martín" y del "Dolphin"; estando espacialmente destacados el corte de las cadenas llevado a cabo por Hope y sus hombres.

Escribiendo así a las autoridades del almirantazgo:

Los hombres que sirvieron en la acción no tienen nada para mostrar de ella, mientras sienten la mortificación de ver algunos camaradas luciendo medallas por servicios muy poco importantes, u otros que nunca han estado bajo fuego y que han servido en bloqueos o en el servicio de trasporte, no solo durante la guerra con Rusia, si no más recientemente en Abisinia.

La petición fue denegada, aduciéndose que "Es deber del almirantazgo el tener la mayor precaución en otorgar medallas, y si se diese aquí el caso de otorgarlas, habría también que considerar otros., no estando Sus Señorias preparados para hacerlos" El capitán Hotham como el almirante Beaufort destacaron ante el almirantazgo los servicios prestados por Sulivan y recomendaron le fuse otorgada la C.B.[90] Las razones aludidas para no otorgársela prueban el escaso tino con que eran, por entonces, concedidos los honores, "Ellos no podían otorgársela a Sulivan, porque si así lo hiciesen tendrían que hacerlo con el capitán Talbot. R.N., por su valiente desempeño contra los piratas de Borneo".

No mencionándose que las acciones libradas contra piratas no eran consideradas como antecedentes para recompensas horarias. Pero al mismo tiempo, capitanes en el ejército, eran recompensados con la C.B., por servicios prestados en India, a pesar que por las reglas de la Orden, eran demasiado jóvenes para recibirla. Casi simultáneamente con la denegatoria un comandante de la marina real, por una sola escaramuza, librada en Nueva Zelanda recibía una promoción y la C.B, refiriendo el Consejo que "la otorgaba porque los mayores del ejército las estaban recibiendo por la misma acción". El capitán Hotham consideró que habiéndosele negado el otorgamiento a Sulivan y dada en las circunstancias mencionadas, se había menospreciado a la acción librada en Obligado y todos los que habían participado en ella. Lord Auckland le aseguró que sus reclamos serían tomados en cuenta en la próxima distribución de honores, pero su muerte impidió que se llevara a cabo y el nuevo lord del Almirantazgo ignoró o no reconoció la promesa de su predecesor.

El capitán Hotham reconoció en varias cartas la asistencia que había recibido por parte de Sulivan:

El asombró a ingleses y franceses por su energía y actividad. El piloteó el "Gorgon" por lugares tenidos hasta entonces como impenetrables. En el Paraná, él en realidad, condujo los pesados barcos y entrenó a aquellos oficiales deseosos de aprender, estableciendo así un sistema que permitió a nuestro escuadrón ser relativamente independiente de la asistencia de pilotos locales. Él tuvo importante participación en la batalla de Obligado en tres oportunidades: levantó un plano del terreno, comandó una división de barcos y encabezó las fuerzas de desembarco.

Cooper Key, quien tan aplicadamente se había dedicado a aprender a pilotear, escribió a un familiar luego de la partida de Sulivan hacia Inglaterra.

Yo me enorgullezco de ser un muy buen piloto en la navegación de este intricado río… bajo la protección y enseñanzas de mi amigo, el capitán Sulivan, uno de los mejores exploradores y prácticos de nuestra marina. Se ha retirado hacia Inglaterra, y yo he perdido un amigo invalorable, un hombre a quien he admirado como un modelo para mi futura carrera profesional. Para nuestro escuadrón en el Paraná es una pérdida irreparable.

El capitán Hotham en su informe (que Beaufort criticaría por su brevedad comparados con los provenientes de China) afirmó "Yo sería desatento si olvidará la habilidad y extremado celo del comandante Sulivan si dejara de dar cuenta de ellos, por sus trabajos obtuvimos una carta naútica que nos permitió completar nuestros preparativos para el ataque".

Sulivan retornó a Inglaterra de capitán con media paga, esperando, naturalmente, que debería esperar un tiempo hasta que le fuese asignado un nuevo navío. Pero no permaneció ocioso. Intervino en los trabajos llevados a cabo para mejorar la mala construcción de los fueres de Bovisand, en la organización de un plan adiestramiento en armas de fuego pequeñas para los marineros y en la búsqueda de incrementar el reclutamiento de hombres para nuestras tripulaciones.

En 1848 recibió el nombramiento de coronel en jefe de las Real Brigada de voluntarios de Dockyard. Al fin de este nombramiento se halló, se halló desocupado y sin posibilidades inmediatas de obtener el mando de un barco. Su salud se había visto deteriorada por las frustraciones sufridas, Obtuvo entonces una licencia de 3 años, marchando con su familia a las islas Malvinas.

Regresó a su país en 1851 e intentó nuevamente obtener un empleo, teniendo varias entrevistas pero sin éxito, aún aquellos trabajos en conexión con su gran experiencia náutica.

Finalmente todo acabó bien. Gracias a esa forzosa inactividad ideó y ayudó a desarrollar un plan para obtener voluntarios para el ejército. Sus 8 años a media paga, hicieron posible, a pesar de todo y casi en la última hora, que estuviese libre para volver a prestar servicio en la gran guerra, que había predicho desde unos años atrás, reiniciando así su carrera en la marina inglesa.

Epílogo

La intervención militar en el Río de la Plata, repercutió el Parlamento británico, que tuvo noticias del triunfo de sus tropas en Obligado el 19 de febrero de 1846. Numerosos parlamentarios alzaron sus voces, desaprobando la intervención armada y Lord Palmerston, líder opositor, criticó abiertamente un mensaje emitido por la Corona, que aseguraba que Inglaterra se hallaba en paz con la Confederación Argentina, afirmación a todas luces poco cierta y que dejaba de lado los padecimientos de sus súbditos en el lejano río y los peligros que continuaban enfrentando ante la persistente resistencia opuesta por las tropas de Rosas.

En Buenos Aires, los comerciantes ingleses, que en ella residían sin ser molestados, con sus intereses económicos gravemente afectados por el bloqueo de la ciudad, también elevaron sus quejas al gobierno de su país.

En 1846 se dieron a conocer en Londres dos folletos anónimos, indudablemente pagados con fondos de la Confederación, que influyeron en la opinión pública, "Rosas y sus calumniadores", que refutaba la presunta barbarie de su gobierno y "An appeal on behalf of the subjects residing in and conected with the River Plate" ("Llamamiento en nombre de las personas residentes o conectadas con el Río de la Plata"), en cuyo contenido se denunciaba la que el conflicto solo favorecía a aquellos que habían obtenido el derecho de recaudarlos ingresos aduaneros de Montevideo. Esta publicación reforzó la posición política de los adversarios de la continuación de la guerra.

Por su parte el Primer Ministro, Lord Aberdeen reconoció, por su parte que los representantes ingleses en el Río de la Plata, se habían excedido en sus atribuciones y en marzo de 1846 declaró que no habiendo existido una declaración de guerra entre el gobierno británico y el argentino, el bloqueo y la venta de presas provenientes del mismo eran ilegales.

Al ministro argentino en Londres, Manuel Moreno, que en diciembre del año anterior había presentado una dura nota frente a las acciones bélicas emprendidas por la marina inglesa, y al que las autoridades inglesas, le habían pedido la devolución de sus credenciales diplomáticas, le fue solicitado que el retiro de dicha queja con la promesa de desarrollar acciones tendientes a solucionar el conflicto. La nota argentina no fue retirada, pero el ministro argentino recibió órdenes de permanecer en la capital inglesa a la espera de los acontecimientos.

En julio de 1846 arribó a Buenos Aires, en calidad de agente confidencial Lord Thomas Samuel Hood, sin poner en conocimiento de su visita, y por lo tanto de su misión a Ouseley y mucho menos a las autoridades del gobierno uruguayo. El enviado inglés se entrevistó con el ministro de Relaciones Exteriores del la Confederación, Dr. Felipe de Arana y el 9 de julio de ese año fue recibido por Juan Manuel de Rosas, a quién comunicó que su gobierno proponía el fin de las hostilidades en el Río de la Plata, el retiro de las fuerzas argentinas que sitiaban Montevideo, el desarme de las legiones extranjeras que actuaban en su defensa, el levantamiento del bloqueo, la devolución de la isla de Martín García, una amplia amnistía por parte de las autoridades orientales, el reconocimiento de la soberanía argentina sobre los ríos, en cuanto la Argentina continuase ocupando ambas márgenes, la devolución de las presas y el desagravio de la enseña nacional.

El gobierno de la Confederación aceptó la propuesta inglés, con la salvedad que las tropas argentinas solo se retirarían una vez que fuese levantado el bloqueo de Buenos Aires, condición que fue aceptada por el representante británico.

Francia por su parte se mantuvo obstinadamente a favor de proseguir las operaciones bélicas.

Las conversaciones de paz entre las partes involucradas en el conflicto: el gobierno de Rosas, el de la Banda Oriental, Oribe, Inglaterra y Francia, fueron prolongadas y tortuosas, como correspondía a la desconfianza, rencores e intereses contrapuestos que anidaban entre los participantes.

El 17 de junio de 1848, la agitación política en Francia lleva a sus fuerzas navales en el Plata a dar fin al bloqueo naval de las costas de Buenos Aires.

Finalmente Henry Southern, en calidad de representante de un nuevo gobierno inglés,, arribó a Buenos Aires, reconociendo oficialmente los errores cometidos por la administración anterior y negoció exitosamente un tratado por el cual se reanudaron las relaciones con la Confederación Argentina al estado "anterior de buen entendimiento y cordialidad", aceptando la pronta devolución de los barcos de guerra argentinos en condiciones similares a las que presentaban al ser capturados y el desagravio a la bandera nacional. El gobierno de Rosa s por su parte se avino a retirar sus tropas de las filas del ejército sitiador de Montevideo cuando Francia procediese a desarmar a los voluntarios extranjeros que persistían en su defensa. El tratado fue aprobado por el gobierno argentino el 28 de enero de 1850.

Los cambios que tendrían lugar en la política francesa al ser derrocada la monarquía de Luis Felipe y el consiguiente del nacimiento de la Segunda República produjeron cambios importantes en sus relaciones exteriores.

El 31 de agosto de 1850, el almirante Lépredour y el ministro Arana suscriben un tratado, que se conocería con el nombre de ambos, por la cual Francia se obligó a evacuar la isla de Martín García, devolver los navíos de guerra y mercantes capturados que estuviesen en su poder y finalmente, saludar al pabellón argentino con las salvas de ordenanza.

La mañana del 26 de febrero de 1850, la fragata "Southampton", escoltada por el "Harpy" y el "25 de mayo", avanzó por las aguas del Río de la Plata, llevando a bordo al jefe de la estación naval inglesa de Sudamérica, el contralmirante Barrington Reynolds. Al entrar las naves en formación en Los Pozos saludaron con una salva de veintiún cañonazos al gobernador de Buenos Aires. Al día siguiente, en solemne ceremonia, la bandera inglesa fue arriada del mástil de la isla Martín García por la tripulación de la fragata inglesa, que luego retornó al fondeadero de Los Pozos. Allí, el comodoro inglés procedió a arriar la bandera de su país, que estaba enarbolada en el "25 de mayo", haciendo entrega del navío al capitán del puerto, Pedro Ximeno. Finalmente la fragata "Southampton" izó en su proa la bandera nacional argentina, desagraviándola con una salva de veintiún cañonazos.

Notas

Todas las notas son de los traductores excepto aquellas que figuran como (NA), que corresponden al autor del las Memorias.

[1] (NA) Las siguientes historias que recuerdo haberlas oído de mis padre ilustran el poder ejercido por Rosas y los medios, que no dudaba en poner en práctica para aumentar su poder. Una vez uno de los hermanos de mi padre, estaba cenando junto algunos amigos en Buenos Aires durante el reinado de terror de Rosas. Súbitamente apareció un amigo de la familia diciendo que había oído que esa tarde se haría una visita domiciliaria, una inspección allí. El dueño de casa alegó que no había realizado acto alguno contra Rosas y por lo tanto no tenía nada que temer. Uno de los miembros de la familia recordó que uno de los cuartos, que se hallaba escaleras arriba, estaba empapelado en verde, el color de la oposición (N.T. el color era el celeste, llamado unitario) Esto podía bastar para dañarlos. Todo el grupo, incluido mi tío, abandonó la mesa, subió escaleras arriba, y con cuanto elemento hallaron rasparon las paredes, limpiaron y sacaron los restos. Al poco tiempo de haber finalizado la tarea, la inspección fue realizada, no hallando nada objetable. Se urdieron varias conspiraciones para dar fin a Rosas. Una vez, uno de los grupos de conspiradores consiguió reemplazar al centinela que montaba guardia en la puerta de su dormitorio por un conjurado. Él preparo su pistola, cuando apareció Rosas. La simple vista de aquel, infundió el terror en el conspirador, quien cayó de rodillas, confesando sus intenciones, abajo algunas veces, devolviéndolo al avergonzado marino, frente a sus camaradas. Residiría años más tarde en Southampton, donde, creo, que mi padre intentó visitarla una o dos veces.

[2] El almirante Guillermo Brown nació en el pueblo de Foxford, condado de Mayo, Irlanda.

[3] "Cockney Sam", fue un vecino inglés de Montevideo, personaje popular en la ciudad donde comerciaba con huesos. Formó una hueste de irregulares con la que intervino valientemente en la defensa de la ciudad. No hemos podido corroborar el presunto origen de las camisas rojas de Garibaldi. Koebel W. H. *British Exploits in South America*, páginas 379 y 381. The Century Co. New York. 1917.

4 El convoy mercante estaba formado por más de 130 barcos, sardos, portugueses, norteamericanos, hamburgueses, prusianos y dinamarqueses, todos pertenecientes a países neutrales, con los que gobierno de la Confederación mantenía relaciones diplomáticas. Las autoridades argentinas autorizaron a capturarlos y a tratar a sus tripulantes como piratas.

5 Látigo corto, con nueve tiras de cuero, cuyo uso estaba reglamentado en la marina inglesa.

6 En abril dio comienzo el bloqueo naval por parte de Brown y su escuadra. Siendo su buque insignia el bergantín "General San Martín".

7 Las sanciones y castigos que se impartían a bordo, debían ser anotadas en la bitácora y dados a examinar por las autoridades navales al finalizar un viaje.

8 Durante la escalada del conflicto Rosas ordenó el 11 de enero de 1845 incrementar el bloqueo, extendiéndolo hasta Maldonado. El almirante francés fue el primero en rechazarlo, aduciendo carecer de órdenes de su gobierno, fue imitado por los representantes ingleses, sardos, brasileros y norteamericanos.

9 John Brett Purvis, comodoro, estaba al frente de la división naval inglesa en el Río de la Plata. Solía dirigirse a Brown como:"Señor Brown, súbdito británico…"

10 Isla de las Ratas.

11 Bergantín "General San Martín".

12 Se trataba del más tarde general José María Flores y la batalla mencionada fue la de Arroyo Grande, librada el 6 de diciembre de 1842.

13 El autor, Sulivan hijo, confunde la fecha. El vapor "Gorgon" encalló por una tormenta el 10 de mayo de 1844, luego de 5 meses de arduos trabajos: se lo aligero de su artillería, ruedas, mástiles y pertrechos. Se removieron 18.000 toneladas de agua y arena y trabajaron en él no menos de 200 hombres por día. Periódico *"El Nacional"*, número 1811. 1845. Imprenta de la Caridad. Montevideo.

14 (NA) Harston, ahora capitán, comisionado a un navío en la costa oeste de África. Cuando todos sus oficiales y tripulantes cayeron víctimas de la fiebre, quedó él como único hombre capaz de movilizarse, con dificultad, por la cubierta. Embarcó algunos jóvenes Boers y con ellos logró llegar a Inglaterra. Sulivan diría

de él: "Un correcto, caballeroso oficial, dando buenos ejemplos, particularmente en su trato con los hombres y en el manejo de la disciplina.

[15] Ante el cariz de los acontecimientos se había decidido retirar la escuadra bloqueadora de Brown para preservarla de quedar a merced de las superiores fuerzas navales anglo francesas. Luego de primero negarle arbitrariamente la salida a la flotilla argentina, el jefe inglés autorizó la partida el 30 de julio, pero demandando que el desembarco de los tripulantes de nacionalidad inglesa que revistaban en las naves de Brown, quien explicó que no podía hacerlo, pues se quedaría con insuficiente número de tripulantes, proponiendo darles de baja al arribar a Buenos Aires. Tras esperar la respuesta a su contrademanda, el 2 de agosto el jefe argentino dispuso la partida de sus barcos en las primeras horas de la tarde. Encabezaban la marcha los buques "San Martín", "25 de mayo" y el "9 de julio". Estos fueron interceptados por tres corbetas ingleses. Que les intimaron la redición. Brown, superado en número y poder de fuego, y en cumplimiento de órdenes recibidas, rindió sus naves. Los barcos mencionados más el "General Belgrano" fueron arbitrariamente entregados al italiano G. Garibaldi.

[16] Ante la imposibilidad de defender la isla, en julio de 1845, el gobierno de la Confederación ordenó la retirada de la guarnición, dejando una fuerza simbólica de 12 hombres, de avanzada edad al mando del mayor Pedro Rodríguez.

[17] El "San Martín.

[18] En el año 1837, navegando Garibaldi, en carácter de corsario, bajo la bandera del estado brasilero secesionista de Río Grande do Sul, durante la "revolución de los Farrapos", resultó herido al ser atacado su navío por 2 naves de bandera oriental en las cercanías de Maldonado. Llevado por necesidad a la ciudad de Gualeguay. Allí fue hecho prisionero por orden del gobernador, el general Pascual Echague Este a pesar de ello le facilito la asistencia por su médico personal. A pesar de su recuperación y del buen trato recibido, seguía siendo prisionero, acusado de piratería por el gobierno de Brasil. Ante la requisitoria del gobierno

[19] Infantes de marina.

[20] Señal que indica la necesidad de auxilio, por estar rodeado un navío de enemigos.

[21] Acompañaban a los barcos de guerra anglo-franceses, buques carboneros destinados a su abastecimiento y barcos mercantes, cientos de ellos, enarbolando banderas sardas, dinamarquesas, norteamericanas, hamburguesas, prusianas. Todos pesadamente cargados con mercaderías extranjeras destinadas a las poblaciones ribereñas del interior, Muchos de ellos estaban ubicados en el Paraná Guazú. La presencia de estas embarcaciones provenientes de naciones que tenían representantes diplomáticos ante el gobierno argentino mereció un fuerte reclamo por parte del gobierno de la Confederación.

[22] Marineros.

[23] La flota aliada no tendría un mando unificado, siendo el más antiguo el capitán Hotham. Recibieron órdenes, y así lo establecieron, de no efectuar operaciones en forma aislada en la acción militar que tenía como objetivo la destrucción de los obstáculos que las fuerzas de la Confederación Argentina habían establecido en las barrancas del río.

[24] Las memorias del por entonces capitán Nicanor Lescano, dadas a conocer en el año 2011, relatan que los aliados llevaron a cabo en Montevideo un simulacro para decidir cuál de las dos escuadras realizaría el corte de las cadenas. Primero probaron suerte los marinos ingleses, que lograron hacerlo siete minutos, siendo superados por los franceses, que tuvieron éxito en cinco minutos. Fue así como quedó decidido que los franceses tendrían el honor de intentar destruir en primer lugar el obstáculo.

[25] Las baterías estaban protegidas por trincheras, con parapetos de tierra apisonada y madera, reforzadas con cestones de mimbre conteniendo tierra y poseían explanadas y merlones. Los cañones debían disparar por arriba de los parapetos por lo que si bien tenían un amplio campo de fuego, la protección que brindaban a los artilleros era escasa

[26] Mancilla había requisado seis balleneras y más de 10 embarcaciones menores, que tripuladas por unos 200 hombres y al amparo de una de las ensenadas, debían estar prestas a evitar el corte de las cadenas. Junto con estas embarcaciones se habían preparado algunos brulotes.

27 El 23 de septiembre se concluyó la colocación de una cadena desde la costa de Obligado hasta la de una isla situada en frente. Mancilla describió la obstrucción del río "…las anclas sostenían la línea de 24 buques desmantelados, fondeados en línea con tres cadenas corridas por las proas, el centro y las popas".

28 En las cercanías de la isla frente a Obligado se ubicó el bergantín "Republicano" comandado por el capitán Thomas Craig. La nave destinada a evitar el corte de las cadenas instalo toda su artillería, seis piezas de a 10, sobre su banda de estribor. Dos lanchones, los místicos, el "Restaurador" y el "Lagos", con un cañón cada uno, estaban destinados a brindarle apoyo.

29 La totalidad de las obras defensivas fueron construidas bajo la dirección de del ingeniero catalán, no ruso como aseguraría erróneamente Sulivan, llamado Hilario López y Culé. Las baterías eran cuatro, construidas a diferentes alturas en la barranca del río. De sur a norte eran la batería "Restaurador Rosas" levantada a 19 m. de altura sobre el nivel de las aguas y armada con 4 cañones, dos de a 24 y cuatro de a 16, comandada por el ayudante mayor de marina Álvaro de Alsogaray; la " Almirante Brown" al mando del hijo del almirante, teniente de navío Eduardo Brown, a 7 metros de altura con cinco piezas de artillería de entre 24 y 12; la "General Mancilla", construida a la altura de la superficie del río, para realizar tiros rasantes, con tres cañones de a 12 a 8, al mando del teniente Felipe Palacios y la batería "Manuelita", emplazada más allá de la obstrucción, a19 metros de altura, con 7 piezas de a 10 comandada por el coronel artillero Juan Bautista Thorne. Todas la piezas eran antiguas, rezagos de las guerras por la independencia, algunas ostentando grabado el escudo real de España y construidas en hierro o bronce. En total de 21 cañones y 220 artilleros enfrentarían a ambas escuadras.

30 No había piezas de ese calibre en las defensas según datos de época.

31 El "San Martín" recibió, al finalizar el combate, unos 120 impactos en su estructura y graves daños en su arboladura. Treohouart refirió más tarde a su gobierno que el barco había sido "expuesto al fuego de 4 baterías elevadas, dentro de todas las reglas del arte por ingenieros prusianos y napolitanos…" Sulivan, por su parte la atribuyó a un ingeniero ruso. En realidad la

totalidad de las defensas construidas se hizo bajo la dirección del ingeniero Hilario López y Culé, catalán, y vecino de Buenos Aires.

[32] (NA) A las 10:50 horas, los defensores enviaron 10 brulotes, derivaron pasando entre los barcos sin producirles el menor daño.

[33] Las municiones del "Republicano" se habían agotado, su comandante Craig, ordenó el abandono y destrucción del navío, para impedir su captura, abandonándola la tripulación en sus botes y dirigiéndose a la batería "Manuelita" para continuar luchando en ella. Los dos místicos, que tenían la misión de proteger los barcos acoderados, fueron hundidos por el fuego de los atacantes.

[34] (NA) Luego supe que era el coronel Rodríguez, pero el hijo del mayor Thorne últimamente ha reclamado ese honor para su padre.

[35] Primer ministro inglés.

[36] Sulivan se confunde al referirse a la heroica figura observada durante la batalla, derrochando valor en la batería N° 1, era la del ayudante mayor de marina Álvaro de Alsogaray, no la del hijo del Almirante. En cuanto a la presencia de ciudadanos europeos, combatiendo debe recordarse que la marinería de los barcos argentina en su mayoría era extranjera y que las tripulaciones de los barcos de Brown, a su regreso a Buenos Aires habían concurrido a servir en las defensas de Obligado.

[37] El relato de Lescano da cuenta de dos intentos fallidos realizados por los franceses, durante los cuales los botes enviados para realizar el corte fueron destruidos por el fuego de las baterías.

[38] La operación que debieron llevar a cabo a más de cortar las cadenas implicaba el corte de los cales que mantenían unidos los barcos por sus bordas y las cadenas de las anclas.

[39] Dos defensores heridos fueron tomados prisioneros, los únicos de toda la campaña, ambos fueron liberados dos años más tarde.

[40] Lucio N. Mancilla.

[41] (NA) Su primo, que años después, ascendería a capitán.

[42] Según relato, del más tarde general Donato Álvarez, joven testigo de la batalla, y lo corroboran las memorias de Nicanor Lescano, el general Mancilla fue informado, alrededor de las 14

horas, que a unas 15 cuadras de las baterías, en "la playa de los Pescadores", se estaba produciendo un desembarco enemigo que intentaba flanquear la posición. Ordenó entonces al coronel Ramón Rodríguez que junto con fuerzas de infantería lo rechazara. El contraataque llevado a la bayoneta fue exitoso, reembarcando lo enemigos en desorden.

[43] Trehouart había trasladado su comando al "Expeditive".

[44] (NA) Desembarcaron 180 marineros y 150 infantes de marina. Trehouart, a pesar de su lamentable situación, finalmente pudo aportar una partida de sus hombres, para asistirnos.

[45] A las 3 de la tarde el "Expeditive" acercándose entabló un duelo de artillería con la batería N° 1 que finalizó dos horas más tarde, al agotarse las municiones de los defensores. Alzogaray disparó su último proyectil con su cañón llamado "El Egipcio".

[46] En la batería "Manuelita", Thorne cayó a tierra por una explosión cercana. Agotadas también sus municiones, el último disparo fue hecho por el teniente Romero, quien caería muerto minutos más tarde desafiando al enemigo. Cerca de las 6 de la tarde Mansilla dio orden de abandonar las baterías.

[47] Introducción forzada, a martillazos, de un grueso clavo de acero en el orificio ubicado en la cara superior y cercana a la culata, a través del cual se iniciaba el proceso de ignición que daba origen al disparo. Esta maniobra inutilizaba la pieza.

[48] (NA) Mientras los hombres formaban en la orilla, él (Sulivan) fue solo a la batería N° 2, entrando por atrás de la misma y clavó 5 de los cañones, bajo el fuego de los mosquetes enemigos. Pero si bien clavó el cañón restante, no pudo doblar la espiga de acero y luego de golpearla numerosas veces, con las balas silbando alrededor, salto por arriba del parapeto indemne. En años posteriores esta acción, loe habría merecido recibir la Cruz Victoria.

[49] Mancilla reunió a parte de sus tropas y personalmente encabezó una carga a la bayoneta, que fue repelida por los cañones de la escuadra y las descargas de fusilería de las tropas desembarcadas. El jefe argentino resultó golpeado por el rebote de un trozo de metralla en el pecho.

[50] Era el eje transversal dc un cañón, fundido junto con él y que montado en la cureña permitía modificar la inclinación de la pieza, elevando o bajando su boca.

[51] Las bajas argentinas fueron apabullantes. El historiador argentino Callet-Bois estimó que 500 defensores perdieron sus vidas. No existen datos sobre el número de heridos. Según informes del coronel crespo en las baterías hubo 90 bajas mortales entre sus dotaciones,. Entre las víctimas fatales se encontraba un gran número de mujeres que murieron socorriendo heridos y ayudado en la defensa. Los heridos leves fueron asistidos en los alrededores de San Nicolás, trasportando las víctimas en carretas. Mancilla herido en la batalla, fue asistido por dos médicos enviados por Rosas.

[52] Ídem [39].

[53] El 21 de noviembre las tropas anglo-francesas retornaron en número a las baterías, procediendo a la destrucción de la "Manuelita" y al incendio de los ranchos que habían alojado a los defensores., donde tomaron como trofeos las banderolas izadas frente a ellos.

[54] Capturadas durante la reconquista de Buenos Aires en agosto de 1806.

[55] No se halla el croquis en la edición de 1896.

[56] (NA) Los trofeos franceses se hallan aún en París, Los nuestros fueron devueltos, junto con algo así como una apología, con el cambio de gobierno.

[57] Los heridos ingleses fueron desembarcados en la isla situada en frente de Obligado, donde los aliados organizaron un hospital de campaña, mientras los heridos más graves fueron enviados a Colonia del Sacramento.

[58] Se trata de extractos aislados, incluidos por Sulivan hijo.

[59] Batería "Manuelita".

[60] (NA) Le gustaba compararlo con la acción de un niño, arrojando alto piedras por arriba de una pared. Luego siempre uso de este ejemplo en favor de la ventaja del tiro desde lo alto, parabólico, sobre el directo en dicho tipo de fortificaciones.

[61] Plataforma o terraplén construido para emplazar piezas de artillería en fortificaciones, permitiéndoles disparar por arriba del muro o parapeto.

[62] Carronada, cañón corto de hierro, montado sobre correderas.

[63] Peter Niddrie, destinado a bordo del "Gorgon" el 4 de noviembre de 1840., su valiente desempeño, nunca fue oficialmente reconocido, a pesar de los esfuerzos de Sulivan.

64 Inhallable por los traductores.

65 Ver nota 54.

66 El coronel Ramón Rodríguez comandaba el Batallón 1° de Patricios, con el agregado de una compañía del 4° batallón, en total totalizaba 350 hombres, con ellos y otros jefes repelió los intentos de desembarco en dos oportunidades. El general Mancilla dijo de él "son dignos del renombre de intrépidos y serenos guerreros".

67 Días después del combate de Obligado, el ejército de Mancilla rechazó dos intentos de desembarco de las fuerzas aliadas. El primero efectuado con escasos hombres (más bien una patrulla de exploración), fue repelido por una línea de tiradores desplegada por el teniente de caballería Juan Facundo Quiroga Fernández, hijo del "Tigre de los Llanos". Pero el segundo llevado a cabo por unos 150 hombres apoyados por una pieza de artillería, necesitó de una carga de caballería, frente a la cual los invasores reembarcaron. Probablemente la realizada por Sulivan sea la primera de estas dos.

68 En el río Pavón, próximo al arroyo Victoria, por orden del general Mancilla, se había construido una obstrucción sobre su cauce. Allí el capitán Francisco Erézcano, había anclado 7 pequeños barcos, unidos entre sí por cadenas y protegidos por los cañones de la goleta "Chacabuco" y los pailebotes "Sin Igual" y "Aprecio". Ante la derrota sufrida en Obligado, Erézcano retiró sus barcos y lanchas, guareciéndolos en el interior del arroyo Victoria, considerando innecesario el mantener la obstrucción. El 28 de noviembre penetró en el Paso de La Ramada el "Gorgon", enviado a destruir la barrera, pero quedó varado en las cercanías de los barcos argentinos, pero fuera de su vista. Erézcano, ignorando la situación del barco inglés decidió la voladura del "Chacabuco" y del "Sin Igual", acciones que se realizaron en horas de la noche, y con sus tripulaciones se atrincheró en el pueblo de Victoria, esperando un desembarco que nunca se produjo. Su conducta fue duramente enjuiciada por Mancilla.

69 El espíritu de resistencia de los defensores de la Confederación permaneció presente luego de la derrota del 20 de noviembre. Alrededor de Mancilla, recuperado de su herida, se fueron reuniendo los dispersos, en los días subsiguientes y el general solicitó la ayuda de los jueces de paz de San Pedro y San Nicolás

para ayudarlo a reunir sus tropas y dirigirlas a Tonelero. De los cuarteles de Santos lugares llegaron carros y municiones, con la idea de formar, en un principio dos baterías volantes, de 4 piezas cada una para "perseguir por la costa a toda embarcación enemiga". Mancilla atacará desde ese momento empleando su artillería a caballo, en cada oportunidad que le sea favorable, amenazando siempre las comunicaciones de la flota invasora con Montevideo, y fortificará en las siguientes semana y meses algunos puntos de la costa donde las características geográficas aumenten la efectividad de sus piezas y disminuyan las del enemigo.

El 27 de noviembre el gobierno autorizó la captura de los navíos mercantes extranjeros que navegaban en convoy tras las escuadras invasoras, autorizando que los oficiales y tripulantes fuesen tratados como piratas.

El temor de encontrar río arriba una enconada resistencia, como de hecho ocurrió, llevó a más de 50 buques mercantes a desistir del viaje.

[70] Mackinnon, Lauchlan. *La Confederación. La escuadra anglo-francesa en el Paraná.* Editorial Argentina Histórica. Buenos Aires, 2011.

[71] Las reparaciones en el "San Martín" comenzaron a realizarse con materiales sacados de los barcos que habían formado la obstrucción.

[72] Las fuerzas de la división norte que defendiera Obligado estaba formada por tropas de la ciudad y provincia de Buenos Aires, mientras las milicias de caballería habían sido reclutadas entre las poblaciones de esa provincia (ver Anexo), El 21 de noviembre las derrotadas tropas argentinas habían pernoctado en los campos de Antonio Obligado. De la artillería se habían salvado 6 cañones de la artillería volante y otros dos rescatados del "Restaurador" y del "Lagos". En el trascurso de ese día fueron llegando más tropas, hasta alcanzar el número de 1.200 hombres. Mancilla ordenó a los Jueces de Paz de las localidades vecinas la reunión de los dispersos. A más de advertirles del riesgo de sufrir una invasión,, peligro representado por el ingreso de los invasores en el río , sc les indicó que situaran esas tropas sobre la costa. Mientras tomaba estas medidas, de Buenos Aires arribaron 2 cañones de bronce con su munición correspondiente.

[73] Al llegar tuvieron noticias que el gobierno paraguayo de Carlos Antonio López, el 5 de diciembre, había declarado la guerra a la Confederación Argentina y aprestaba un ejército10.000 hombres al mando de su hijo de 18 años, el general Francisco Solano López, para acudir a Corrientes en ayuda del general José María Paz.

[74] Sulivan confunde el estado de Buenos Aires con la Confederación argentina.

[75] El escorbuto es una enfermedad originada por la carencia de vitamina C, abundante en vegetales y frutas frescas.

[76] Más abajo en el río, Mancilla, ha escalonado 3000 hombres de la tres armas: caballería, infantería y artillería, entre Obligado y la Angostura del Quebracho. Los combates librados en los siguientes 8 meses a lo largo del río constituyen la campaña del Paraná, de la cual, el combate librado en Obligado fue solo el comienzo. Las tropas y cañones de Mancilla atacaran en múltiples ocasiones a cuanta nave enemiga se puso al alcance de sus piezas. El 5 de enero de 1846, Alzogaray ya tenía emplazados 4 cañones. Los combates librados a la altura de San Lorenzo, en las puntas de Tonelero, Acevedo y del Quebracho serán la prolongación de la defensa argentina. Sus jefes, los coroneles Thorne, Mouric, Serezo junto con a Alzogaray serían los infatigables perseguidores.

El 9 de enero a las 6 y 30 hs., el convoy europeo entro en contacto con las piezas de artillería volantee comandadas por el coronel Juan B.Thorne, emplazadas en el paso del Tonelero, al norte de Ramallo, que abrieron fuego sobre los navíos. Horas más tarde, el convoy cercano ya al puerto de Acevedo (San Nicolás) volvió a ser cañoneado, sufriendo los aliados varios heridos y la muerte de un oficial francés. La caballería argentina siguió desde la costa la marcha de la flota, en la que navegaban el "Gorgon", el "Expeditive", el "Dolphin" y el "King".

El 16 de enero, a la altura de San Lorenzo, el convoy de naves mercantes y de guerra, recibió intenso fuego de tiradores, descargando la infantería 5000 disparos y la artillería descargó medio millar de tiros a bala y tarros de metralla, llevando la confusión entre los mercantes. Los barcos de guerra por su parte respondieron con más de mil proyectiles, de forma inefectiva, por la protección que la altura de las barrancas brindaba a los defensores.

[77] (NA) Las fuerzas al mando del general Urquiza habían comenzado, a fines de 1845, la campaña contra las fuerzas de Corrientes y del Paraguay. Al año siguiente derrotó a las vanguardias enemigas el 20 de febrero de 1846 en Laguna limpia y dio comienzo a conversaciones de paz que finalizaron con el alejamiento del general Paz y el retiro de del ejército paraguayo, que comenzó en abril de ese año.

[78] A las descargas de la artillería volante se sumaban descargas cerradas de fusilería que llovían sobre las cubiertas de los barcos, efectuadas reiteradamente, cuando la cercanía del convoy a las costas lo hacían posible. Estos ataques eran llevados a cabo por las tropas de caballería y de infantería que desde tierra perseguían al enemigo, adelantándolo y emboscándolo.

[79] Norteamericanos.

[80] (NA) En la Comisión de defensa presenté evidencia de cómo pueden los barcos pasar frente a las baterías: *"Yo puedo mencionar algo que tal vez el capitán Key no quiera mencionar, a saber, que en su pequeño bergantín, luego de pasar con los 60 navíos, malinterpretando una señal el repasó la barranca, y dándose cuenta del error cometido, volvió a repasar, solo, frente al fuego de todos esos cañones, que habían estado bombardeando el convoy y que a pesar de que hicieron blanco, repetidamente en su casco, avanzo a una velocidad dos nudos más que la de la corriente. Ahora si esto pudo ser realizado solo con una ligera brisa y con barcos pequeños, que no hará un navío a vapor, pasando rápidamente a una velocidad promedio de 10 nudos."*

[81] Se refiere a la llamada Bajada del Paraná, sitio sobre el río donde solían descender los pasajeros que iban río arriba y que actualmente es la ciudad de Paraná.

[82] El 5 de febrero la corbeta "Alecto", armada con tres cañones de a 32, uno de ellos giratorio en la proa, finalizó de estibar en sus bodegas una carga de de municiones de artillería. En ella revistaba un teniente, Lauchlan Bellingham Mackinnon , años después dejaría una crónica de las batallas en el Paraná: *La Confederación. La escuadra anglo francesa en el Paraná.* Días más tarde los vapores "Alecto", "Gazendi" y "Coquette" fueron

atacados por la artillería argentina. en su viaje aguas arriba. El "Alecto" cruzó frente a Obligado sin ser atacado, pero en Tonelero, el 10 de ese mes, resultó impactado por el fuego de 4 piezas de artillería, resultando con daños en la chimenea, el pescante del ancla y la caja de la rueda de babor y con cinco heridos a bordo, seguido unos días más tarde por el "Firebrand", que en el mismo punto recibió daños menores pero tuvo una baja mortal.

[83] General Juan Madariaga, derrotado en la batalla de Laguna Limpia el 4 de febrero del 1846.

[84] Comprobada la eficacia de los ataques a los barcos durante su navegación por el Paraná, Mancilla, solicitó y obtuvo más artillería a Buenos Aires. Previendo el pasaje río abajo de la escuadra invasora, que permanecía encerrada en Corrientes, sin poder comerciar con el Paraguay, sin el apoyo en tierra del ejército correntino y haciendo menos negocios que los esperados, instaló en la punta del Quebracho una batería en los primeros días de marzo Esta fue puesta a las órdenes de Thorne. La defensa fue armada con dos piezas de a 18 y de a 26, a las que más tarde se sumarían otras. También se solicitó ayuda al gobernador de Entre Ríos, general Pascual Echague, quien envió sus tropas reunidas en Rosario, al mismo tiempo otra batería volante en la punta de Acevedo.

[85] (NA) Este pasaje esta descripto en *La Confederación. La escuadra anglo francesa en el Paraná* por el capitán L. B. Mackinnon R. N. teniente en el "Alecto". Este navío fue uno de los tres vapores de poco calado (3m.) enviados por el Almirantazgo en julio de 1846. El barco llevó en esa oportunidad una carga de cohetes a la Congreve.

[86] *Idem*

[87] El 4 de junio las defensas emplazadas en la Punta del Quebracho, 17 cañones y dos obuses, emplazadas en cuatro baterías comenzaron a las 10 horas a combatir al gran convoy compuesto por 7 vapores, con 5 buques a vela y 85 mercantes. Se combatió intensamente hasta las 15 horas. Las goletas "Carmen", "Brillante", el mercante "Caledonia", una barca ingles la "Caledonia" y un pailebote de bandera correntina vararon en la isla donde se habían instalado las coheteras, y fueron incendiadas para evitar su captura. El "Lizzard", el "Gorgon", el "Harpy" y el

"Firebrand" sufrieron graves daños. Las bajas inglesas fueron de 32 muertos y un número desconocido de heridos.

[88] Hasta los primeros años de este siglo una de las estaciones del subterráneo parisino llevaba el nombre de "Obligado".

[89] El tratado firmado en julio de 1848 entre los gobiernos de la Confederación Argentina y el inglés expresaba en su artículo N° 4: "El gobierno de S.M.B. reconoce ser la navegación del río Paraná una navegación interior de la Confederación Argentina, y sujeta solamente a sus leyes y reglamentos, lo mismo que la del río Uruguay en común con el Estado Oriental."

[90] Honorabilísima Orden del Baño, creada en 1725.

Anexo I

Nómina de cuerpos argentinos que participaron en el combate de la vuelta de Obligado y en la campaña del Paraná y su despliegue en el terreno.

Batallón de Infantería Norte:
Al mando del teniente coronel Manuel Virto, formado con 370 hombres, divididos en 6 compañías.

Batallón 1° de Patricios de Buenos Aires:
Con el agregado de un compañía del 4° batallón, comandado por el coronel Ramón Rodríguez, totalizando más de 350 hombres.

Cívicos de San Pedro:
 Esta fuerza estaba compuesta por 60 hombres, al mando del subteniente Celestino Fernández.

Batallón de Patricios de San Nicolás:
El, 2 de noviembre de 1845, general Mancilla, ordenó al juez de Paz de San Nicolás que marchara en dirección a Obligado, conduciendo el mayor número de fuerzas de caballería que lograra reunir. A ellos se sumaron 250 vecinos al mando del mayor Luis Barreda, los que conformaron el escuadrón Patricios de San Nicolás.

Compañía de Nueva Creación:
 Formada por 60 soldados, destinados a servir en las baterías, bajo el mando del capitán Santiago Maurice.

Escuadrones de Caballería de Milicias:
Comandado por el teniente coronel José María Cortina, revistaban en él 305 hombres, divididos en escuadrones de dos compañías cada uno. La 2ª compañía del 2° escuadrón era comandada por el teniente 1° de caballería facundo Quiroga, vecino de San Pedro, hijo del famoso caudillo federal y general del mismo nombre.

Compañía de Artillería Volante:
Pertenecía al regimiento 3 de Campaña, con 8 piezas volantes de a 4, servidas por 46 artilleros, al mando del teniente coronel José Sereso. Estos cañones saldrían indemnes de la derrota de Obligado. Con ellos, junto con otras piezas que irían llegando, continuaran luchando las tropas argentinas desde las costas del río.

Tropas evacuadas de Martín García:
Comprendían 180 milicianos de la Compañía Fija de Artillería, de la Artillería de Plaza u del Batallón Independencia.

Compañía del Batallón Restaurador:
Proveniente del sitio de Montevideo, concurrió una compañía de cincuenta hombres, conduciendo prisioneros de guerra, al mando del capitán Cayetano Acosta.

Escolta del General:
Creada por el propio general, se componía de 70 jinetes al mando del teniente Cruz Costa.

Indios Amigos:
Cuarenta aborígenes se sumaron voluntariamente, comandados por José Santana y los capitanejos Millaion y Pascual.
En el trascurso de la campaña intervendrán tropas y artillería al mando de su gobernador general Pablo Echague. En Obligado las fuerzas argentinas fueron distribuidas en tres líneas paralelas de defensa: 450 hombres de los cuerpos Patricios de Buenos Aires y fuerzas de infantería de la División Norte, ocupaban la primera línea, ubicada por detrás de las baterías. A su izquierda se instalaron 4 piezas de a 4 de la artillería volante del regimiento 3 de Campaña., en tanto medio batallón de la misma división se desplegó a la derecha. De la batería "General Brown" y el resto a la izquierda de la "General Mancilla". La segunda línea, situada a unos 100 m. por detrás de la primera estaba

guarnecida por 600 infantes, divididos en escuadrones de dos compañías cada uno, ocultados parcialmente por el bajo monte circundante. La tercera línea, oculta en los bosques se hallaba compuesta por dos escuadrones de caballería formados por 200 jinetes Buenos Aires y la partida de Indios Amigos. También junto a estas fuerzas se desplegó la escolta del general Mancilla.

Anexo II

Composición de las flotas aliadas a su ingreso al río Paraná

Naves francesas

San Martín: buque insignia, (robado a la Confederación Argentina, al ser secuestrada la escuadra argentina), de 200 toneladas, con 16 cañones de a 16 y dos de a 24. Al mando del capitán Trehouart.

Fulton: único barco a vapor, con dos cañones de a 8, comandado por el teniente Mazieres, con 30 tripulantes.

Pandour: bergantín, con diez cañones Paixham, de a 30, tripulación de 120 marineros, comandado por el teniente Du Paie.

Procida: bergantín, armado con tres piezas de a 18, trasportaba, junto con su tripulación 200 infantes de marina, comandado por el teniente De la Riviere

Expeditive: corbeta, con 16 cañones de a 8, comandado por el capitán De Miniac, con 100 tripulantes.

Coquette: corbeta, con veinte cañones de a 8, con 120 tripulantes.

D´Assas: bergantín, con 22 cañones de a 8, tripulado con 130 hombres.

Eylau: vapor equipado con 3 cañones tripulado por 30 marineros.

Junto con estos navegaban algunos pequeños barcos carboneros.

Naves inglesas

Gorgon: buque insignia, a vapor, de 1.100 toneladas, con 6 cañones de a 64 y 4 de a 32.Tripulado por 160 hombres y comandado por el capitán Charles Hotham.

Fierebrand : a vapor, de 1190 toneladas, con 6 cañones de a 64 y 4 de a 32 comandado por el capitán James hope, con 160 marineros.

Comus: corbeta, de 490 toneladas, con 18 cañones de a 32, comandada por el teniente Edward A. Inglefield, hijo del almirante Samuel Inglefield, con una tripulación de 140 hombres.

Philomel: bergantín de 428 toneladas, con 10 piezas de artillería de a32 comandada por el capitán Bartholomew Sulivan, con 100 tripulantes.

Fanny: bergantín, con funciones de carbonero, de 310 toneladas, con un cañón de a 24 comandado por el teniente Kay.

Dolphin: bergantín de 318 toneladas, con tres cañones de a 32, comandad por el teniente Levigne, tripulado por 80 marineros.

Spider: bergantín armado con 4 cañones y tripulado por 40 marineros.

Las naves británicas trasportaban 600 hombres de infantería de marina, habiendo dejado en Montevideo otros 200.

Anexo III

Informe elevado desde el Cuartel Divisionario de la localidad de Ramallo, dando la nómina de los inválidos de la batalla del 20 de noviembre.

25 de noviembre de 1846

Sargento Mayor Avelino Garmendia: perdió el brazo izquierdo.

Comandante Bernardo Mejares, ayudante del jefe: herido en el pezcuezo, bajo la barba.

Antonio Maciel: una pierna quebrada.

José Rosas Gómez, artillero de la batería "Restaurador": manco de una mano.

Juan Jaime: manco de un brazo.

Nicolás Martínez: balazo en un hombro.

Cabo 1° Estanislao Fernández: ciego.

Soldado Eugenio Mancilla: perdió una pierna.

Músico Ubaldo Gauna: perdió un brazo.

Cabo 1° Remigio Mansilla: perdió una pierna.

Soldado Francisco Luna: una pierna quebrada.

Pablo Ballesteros: fístula en un cuadril de casco de metralla.

Pedro Orozco: manco de un brazo.

Fdo.: General Lucio Mancilla

Bibliografía

Adams, Thomas. Artillerie et obus. Marine et technique au XIX siècle. Service Historique de la Marine. Paris. 1988.

Amaya, Carlos Andrés. "20 de noviembre de 1845. Batalla de Obligado". Ateneo Historia y Verdad. Buenos Aires. 2009.

Arguindeguy, Pablo. El combate de Quebracho, 4 de junio de 1846. Disponible en www.ellitoral.com.

Avenle, Jean-David. L´affaire du Rio de la Plata (1838-1852). Editorial Económica. Paris (s/f).

Barba, Enrique M. Historia de la Nación Argentina, VII. Academia Nacional de la Historia. Buenos Aires. 1948.

Burzio, Humberto F. Rosas. Los trofeos de Obligado y de la goleta Federal. La Prensa. Buenos Aires.7 de junio de1960.

Brown, Guillermo. Memorias del almirante Brown. Academia Nacional de la Historia. Buenos Aires. 1957.

Callet Bois Teodoro. Los marinos durante la dictadura.1841-1851. Emecé. Buenos Aires. 1935.

Callet Bois Teodoro. Historia naval argentina. Emecé. Buenos Aires.1944.

Ferns, Henry S. Gran Bretaña y Argentina en el siglo XIX. Editorial Solar. Buenos Aires. 1966.

Fitte, Ernesto J. Informe sobre las banderas de Obligado. Boletín de la Academia Nacional de la Historia. t. XVI. Buenos Aires. 1973.

Graham Yool, Andrew. La batalla de la vuelta de Obligado vista por "The Times" de Londres. Todo es Historia, N° 138. Buenos Aires. 1978.

Kinard, Jeff S, Artillery. Tucker. Londres. 1962.

Koebel,W.H. Btritish Exploits in South America. The Century Co. New York. 1917.

Mackinnon, Lauchlan B. La Confederación. La escuadra anglo-francesa en el Paraná. Editorial Argentina Histórica. Buenos Aires. 2010.

Miranda, Sebastián. Punta del Quebracho, la Confederación Argentina vence a la primera y a la segunda potencia mundial.

Rev. Defensa y Seguridad N° 59. Buenos Aires, enero-febrero, 2011.

Peña, Juan M. y Alonso José L. La Vuelta de Obligado y la victoria de la Campaña del Paraná. Editorial Biblos, Buenos Aires. 2012.

Peña, Juan M. y Alonso José L. Las Banderas de la vuelta de Obligado. Boletín Banderas,

Peña, Juan M. y Alonso José L. N°5 .Sociedad Española de Vexilología. Madrid.

Peña, Juan M. y Alonso José L. Las banderas de los argentinos. 200 años de historia. Aluar- Fate. 2010

Podestá, Luis A. Intervención extranjera en el Río de la Plata (1838-1850). Universidad de Pensilvania.1958.

Prando, David. Símbolo de la bandera de Rosas. Revista del Instituto de Investigaciones Históricas Juan Manuel de Rosas, no. 38, Buenos Aires, Enero / Marzo de 1995.

Ramírez Juárez, Evaristo. Las Banderas Cautivas, Ciordia y Rodríguez, Buenos Aires. 1945.

Ratto, Héctor R. Los Comodoros británicos de estación en el Plata (1810- 1852). Biblioteca de la Sociedad Histórica Argentina. Buenos Aires. 1945.

Roberts, Carlos. Los emblemas de la patria y su origen. Talleres de Jacobo Peuser, Buenos Aires. 1931.

Scheina, Robert L. Latin America's Wars. Vol 1, The Age of the Caudillo 1791-1899. Brassey's Inc. Washington. 2003.

Stataham, E. P. Comander R. N. Fifty Two Stories of the Sea. Hutchinson and Co. Londres. 2004.

Uzal, Francisco H. Obligado. La Batalla de la Soberanía. Editorial Moharra, Buenos Aires. 1970.

OTRAS FUENTES

Informe histórico de las dos granadas que con fecha 17 de marzo de 1997 se remiten a Francia, procedentes del Museo Histórico

Nacional, según Convenio suscripto. Presidencia de la Nación, Secretaría de Cultura, Museo Histórico Nacional, Buenos Aires, 12 de marzo de 1997.

de Lascano Tegui, Emilio. Les bannieres de Obligado. Emilio. Folleto en idioma francés. 1936.

de Lellis, Juan C. Las Banderas de Rosas, Revista Todo es Historia, Año II, no. 19, Noviembre de 1968.

Diario La Nación, años 1934, 1935, 1937 y 1997.

Calvarin, Henry. Correspondencia, integrante de la Sociedad Francesa de Vexilología, 2016. Museo Histórico Nacional. Buenos Aires. Argentina.- Legajo no. 4604.

Viera, Tomás B. Banderas Argentinas en los inválidos de París. Folleto sin pie de imprenta en idioma francés